KB203742

하나님이 계시는데 난 왜 외로울까

핵개인 시대의 외로운 기독교인

하나님이 계시는데
난 왜
외로울까

먹어도 허기지고 굶주렸던
'혼밥의 정상'에서 '성찬의 정상'으로

책임편집 이상조
최원준 | 송용원 | 신현호

Between

차례

일러두기

- 이 책은 미래목회와말씀연구원이 교회와 신학의 만남 "인카운터"라는 이름으로 2024년 5월에 연동교회를 찾아가 "인카운터" 첫 포럼 현장에서 3명의 발제자가 발표한 것을 책으로 낸 것이다.

혼자 있을 수 있는 것이 능력이라면 한국인은 참 무능하다 해야 할 것이다. 유학시절에 "너희 한국인들은 왜 늘 몰려다니니?" 하는 말을 자주 들었다. 일본이나 중국 등 이웃 나라에 비해서도 유별나다. 함께 있는 것을 좋아하는 것인지, 혼자인 것이 두려운지 모르겠다. 열심히 살아야 한다는 동기를 생각할 때도 가족을 위해서라는 것이 압도적으로 많은 것이 한국인이었다. 그러나 최근 한 조사는 한국인들이 삶에서 가장 중요한 가치를 '물질적 풍요'로 꼽았다고 전한다. 대부분의 나라에서 '가족'이 일순위로 꼽혔다는 사실은 충격을 더한다. 다른 나라 사람들이 '집에서 가족과 함께 있던 시간'을 가장 좋아하는데, 한국인들은 '집에서 혼자 있는 시간'을 최고로 꼽는다는 통계도 있다. '함께'를 너무 강조하다 지친 것일까?

세계 각국에서 '외로움'이라는 심각한 전염병에 대한 경고가 높아지고 있다. 정부에 '외로움 부'를 만들고 장관을 두어 국가적 과제로 다루는 나라가 생길 정도이다. 외로움은 심리적 안녕 뿐 아니라, 육체 건강도 심각하게 흔들어 놓는다. 정치적으로 과도하게 행동하는 극단주의자들을 만드는 것도 외로움이라는 분석이 유력하다. 혼자 있는 것이 특별히 서툰 한국인들에게 '고립의 시대'는 대단히 위험하다. 교회는 어떤 대안을 제시할 수 있을까? 성경과 기독교 신학은 이 병통을 치유하는 자원을 가지고 있을까?

이 책은 이른바 '핵개인의 시대'를 세심하게 살피면서 이론적 분석과 실천적 대안을 모색한다.

최원준 목사는 함께하는 삶의 아름다움과 홀로 있는 기쁨을 균형 있게 강조하면서 건강한 삶의 가능성을 모색한다. 송용원 교수는 우리가 고립된 원인을 인생의 진정한 가치가 무엇인지 묻는 근본적인 질문으로 심화시킨다. 물질적 성공과 경쟁에서의 승리를 넘어서는 인생의 목표가 있을 때 따로, 또 같이 살아가는 행복을 향한 길은 열릴 것이라 역설한다. 신현호 교수는 온세대 교회라는 실천적 과제를 제시하며, 교회가 외로운 자리에 있는 이들과 함께 하나님 나라를 증언하는 소명공동체가 되어야 함을 힘주어 말한다.

이 책은 미래목회와말씀연구원이 "인카운터"라는 이름으

로 교회현장을 찾아가 나눈 내용이다. 그 첫 시도로 2024년 5월에 연동교회의 수요예배시간을 찾았다. 청중의 뜨거운 열기가 있었다. 목회현장의 반응은 김주용 담임목사의 논찬으로 실려 있다. 인카운터라는 말에는 신학이 이론에만 머물지 않고, 삶의 현장을 찾아가겠다는 생각의 표현이다. 아울러 시대가 제기하는 문제를 외면하지 않고, 적극적으로 응답하겠다는 의지도 담겨 있다.

끝으로 수고해 주신 세 분의 필자들께, 그리고 좋은 청중이 되어 주신 연동교회 성도들과 김주용 목사님께 감사드린다.

미래목회와말씀연구원 이사장 **김지철** 목사

원 장 **박영호** 목사

머리말

오늘날의 한국 사회는 '핵가족'이 아닌 '핵개인'(nuclear individual)의 시대로 빠르게 전환하고 있다. 더 이상 쪼개질 수 없는 최소 단위인 줄 알았던 '핵가족'이 분열하고, 개인이 각자의 역량과 생존을 고민하며 홀로서야 하는 때가 왔다. 지난 수십 년간 개인을 묶어 두었던 조직의 테두리와 가족의 울타리가 무너져 흩어지고, 종국에는 각자의 역량과 생존을 고민하며 홀로 서는 개인의 시대가 왔다는 의미에서 '핵개인' 시대라고 명명한다.

사람들은 핵개인 시대에 인터넷과 사회관계망서비스(SNS)를 통해 자신들의 열정을 공유하고 커뮤니티를 형성하며 자신들만의 문화생활을 향유해 나가는 일종의 '팬덤' 문화를 형성하기도 한다. 사회가 규정한 관계보다 개인적 특성과 가치관에 맞는 인간관계를 다양하게 만들어 가는 시대이기에 그러하다. 또한 핵개인의 시대는 각 개인의 특성, 요구, 취향에 따라 서비스나 제품이 맞춤 제작되는 시대이기도 하다. 이런 현상은 교회 안에서도 나타나고 있다. 각 개인의 신앙적 이해와 경험에 따라 신앙생활을 개인화하려는 경향이 강해지고 있다. 교회는 각 개인에게 맞춤화된 콘텐츠를 제공함으로써 신앙생활의 질을 향상시키고, 신앙공동체와의 소통을 더 풍부하게 만드는 데 관심을 기울일 필요가 있다.

핵개인의 시대는 '고립된 개인의 시대'이기에 '심각한 외로움' 현상을 낳는다. 이 외로움은 심지어 공동체를 본질로 하는 교회 안에서도 발견되고 있다. 교회 공동체 안에서 혼자는 아닌데 '외로운 크리스천'이 많다. 사회관계망서비스(SNS)를 통해 자신들의 열정을 공유하고 커뮤니티를 형성한다는 점은 역설적으로 홀로 살아갈 수 없는 인간의 본질을 보여주는 단적인 현상이기도 하다. 인간은 근본적으로 타인과 소통하고 공감하며 관계를 맺고 싶어 하는 사회적 관계 욕구를 지닌 존재다. 관계를 형성하는 방식이 바뀌고 있을 뿐, 관계를 시작하고 이를 지탱하는 '본질'은 동일한 것이다. 인간은 대면이든 비대면이든 어딘가에 소속되고 싶고, 그곳에서 안정감을 누리고 싶어 한다. 혼자 생활할수록 누군가와 가슴 속 따뜻한 이야기를 나누고 싶고, 마음이 통하는 사람들이 있는 공동체를 기대하게 마련이다. 교회는 이러한 사회적 관계 욕구를 가진 사람들 속에서 대안 공동체로서의 역할을 감당할 수 있어야 한다.

　이런 교회와 사회의 현실에 직면하여 '인카운터(Encounter)' 는 '핵개인'을 전체 키워드로 설정하고 '핵개인 시대의 외로운 크리스천'이라는 주제로 교회 안의 '소외와 외로움' 현상을 신학적으로 분석하고 이에 대한 목회적 대응 방안을 모색하는 세미나를 개최하였고, 이제 그 결과물을 세상에 내놓게 되었다.

　신약학자인 최원준 박사님(안양제일교회 담임목사)은 "아담의 독처, 예수님의 거처: 외로움과 홀로됨의 성경적, 목회적 고찰" 이라는 글에서 핵개인 시대가 가져온 '소통 방식의 변화'에 주목하였다. 오늘날, 대면보다 비대면을 선호하는 소통 방식의 변화는 개인의 독립성과 자율성을 중시하는 사회적 흐름과 더불어 비대면 네트워크 형성에 익숙한 세대가 등장하면서 가속화되고 있다. 최 박사님은 이런 비대면 소통 방식이 개인의 자율성과 편의성을 증대시키는 긍정적 측면이 있지만, 외로움과 인간관계의 단절을 초래하는 부정적 결과도 낳고 있음을 지적하고 있다. 최 박사님은 사람들 간의 물리적, 정서적 거리가 결국에는 사회적 고립감과 개인의 행복감 저하로 연결될 수 있기에 비대면 소통의 장점을 살리면서도, 대면 소통의 중요성을 재인식하고 균형을 맞추는 교회의 노력이 필요함을 강조하고 있다.

조직신학자 송용원 박사님(장로회신학대학교 교수)은 "두 개의 산: 번영(prosperity)에서 번성(flourishing)으로"라는 글에서 팬데믹으로 인해 심화한 외로움과 고립감 문제를 다루며, 한국과 미국의 사례를 통해 문화적, 사회적, 구조적 요인들을 분석하고 있다. 특히, 외로움을 극복하기 위한 사회적 연결과 공동체의 중요성을 강조하고, 한국교회가 이러한 역할을 수행할 수 있는 방안을 제시해 주고 있다. 송 박사님은 무엇보다 틸리히와 브룩스의 철학적 견해를 인용하여 외로움과 고독을 구분하고, 자아성취를 위한 첫 번째 산을 넘어서 타인과의 연결을 추구하는 두 번째 산의 중요성을 역설한다. 여기에서 송 박사님은 개인과 교회와 사회가 협력을 통해 외로움을 극복할 것을 제안하며, 구조적 문제 해결의 필요성을 강조하고 있다.

기독교 교육학자인 신현호 박사님(장로회신학대학교 교수)은 "외로운 그리스도인, 온세대 교회에서 길을 찾다"라는 글에서 현대 그리스도인들이 교회 안팎에서 느끼는 외로움의 문제를 사회적, 경제적, 영적 요인들과 연결시켜 탐구하고 있다. 특히 교회 내에서의 외로움은 교회 공동체의 정체성과 소명에 큰 영향을 미치며, 이를 해결하지 않으면 교회 전체가 어려움을 겪을 수 있음을 지적한다. 외로움을 극복하는 대안으로 신 박사님은 '온세대' 교회를 강조한다. 온세대 교회는 성령 안에서 세대와 세대가 어우러져 사랑과 돌봄을 나누며 하나님 나라를 위해 협력하는 공동체를 의미한다. 여기에서 신 박사님은 다양한 세대가 한 성령 안에서 함께 예배하고, 고통과 어려움을 함께 나누며, 하나님 나라 가족공동체로서의 정체성을 공유함으로써 세대 간의 소통과 협력을 통해 진정한 공동체를 이루어 나가 외로움과 소외를 극복하고 교회를 세워가는 것의 중요함을 강조한다.

신학적으로 성찰해 보고 목회적으로 대안을 제시한 세 분 박사님의 글 뒤에는 각각 주제에 따른 세 개의 질문을 함께

하나님이 계시는데 난 왜 외로울까

실었다. 여기에 실린 질문들은 교회의 소그룹 모임이나 교회 중직자들의 신앙교육에 활용할 수 있으리라 여겨진다.

올해(2024)로 창립 130주년을 맞이하는 연동교회에서 '인카운터(Encounter) 세미나'를 첫 번째로 개최하게 된 것은 더욱 뜻깊은 일이라 여겨진다. 한국 근현대사의 한복판에서 복음 전파와 사회봉사와 교육을 통해 지역 사회에 긍정적인 영향을 미쳤고, 일제 강점기와 민주화 운동 등 역사적 사건에 적극 참여했던 연동교회가 세기의 대전환기에 한국교회가 나아갈 방향을 모색하는 세미나를 개최할 수 있도록 장(場)을 마련해 주신 것도 감사한 데, 담임목사이신 김주용 박사님께서 세미나의 논찬과 전체 진행도 맡아 주셔서 더욱 뜻 깊고 감사한다. 김주용 박사님의 매끄러운 진행과 통찰력 있는 논찬은 건조한 학술 세미나에 윤기와 활력을 불어넣어 '교회와 신학의 만남'을 실제로 가능케 하였다.

'인카운터(Encounter) 세미나'는 일평생 '교회를 위한 신학', '신학이 있는 교회'를 가르치시고 실천하신 미래목회와말씀연구원의 김지철 이사장님의 자극과 조언으로 시작되었다. 본 세미나의 결과물이 한국교회와 성도를 사랑하는 이사장님께 감사의 마음으로 전달되기를 바란다. '교회와 신학의 만남'이라는 본 세미나가 교회 현장에서 연착륙할 수 있도록 친절하게 조언해 주신 미래목회와말씀연구원의 박영호 원장님에게도 진심으로 감사드린다. 또한 세미나를 개최하고 책으로 엮을 수 있도록 도와주신 미래목회와말씀연구원의 류가람 사무국장님과 스태프들께도 고마움을 전한다. 세미나의 결과물인 본서(本書)가 한국 사회와 한국교회의 트렌드를 신학적으로 분석하고 목회적이고도 실천적인 대안을 제시해 주길 바란다.

2024년 8월
저자들을 대신하여
편집자 **이상조**

아담의 독처와 예수님의 거처

외로움과 홀로됨의 성경적, 목회적 고찰

최원준 목사

'핵개인'은 마냥 쪼개지고 나눠져
고립과 고독 속에서 살아가는 처연함을 표현하기보다는
외부의 전통적 권위에 무조건 순응하지 않고
독립적인 한 개인의 자유를 고수하면서도
고도의 기술문명을 이용해 주로 비대면으로
소통하고 네트워크를 형성해 가는
새로운 시대의 인간상이라고 할 수 있겠다.

I. 주제 설정의 배경

핵개인 시대의 의미

필자가 10대일 때 '핵가족(nuclear family)'이란 말을 처음 들어본 것 같다. 핵가족은 부부와 미혼의 자녀들만 사는 가족을 일컫는 말인데, 미국의 인류학자였던 G. P. 머독(G. P. Murdock)이 1950년대부터 사용한 말이다. 드라마〈전원일기〉에서처럼 조부모, 부모, 기혼의 자녀들, 손자들이 함께 살던 농촌의 대가족과는 달리 도시화, 산업화에 따른 핵가족은 조부모가 배제되고 부모와 자녀라는 가족의 핵심 구성원만으로 구성된다는 뜻이다.

40여 년이 지난 지금은 핵가족을 넘어 '핵개인(nuclear individual)' 시대가 도래하였다고 한다. '핵개인의 시대'라는 말을 누가 사용했는지는 정확히 모르겠지만, 빅데이터 전문가 송길영 씨가 작년 2023년 9월에 출간한『시대예보: 핵개인의 시대』때문에 유행하게 된 표현 같다. 송길영 씨는 "위로부터 아래로 억압적인 기제로 유지되던 권위주의 시대를 지나 이제 개인이 상호 네트워크의 힘으로 자립하는 새로운 개인의 시대가 도래했습니다"[1] 라고 했는데, 핵개인이란 마치 핵이 분열을 하듯 쪼개져서 독립한 개인을 가리키는 말이다. 이들은 권위주의를 거부하고 발달된 기술문명을 통해 전 세계와 네트워크를 형성하며 살아간다.

송길영에 따르면 핵개인은 세대 개념이기 보다는 시대 정신을 말하는 것이다. '핵개인의 세대'라고 했다면 특정 연령층을 지칭하는 용어가 되고, 노년층은 세대 차이를 운운하며 '핵개인'을 젊은이들의 세태로 치부했을 것이고, '너희들도 나처럼 늙어봐라'하며 대수롭지 않게 여겼을 것이다. '핵개인 세대'가 아니라 '핵개인의 시대'라고 명명한 이유는 물론 20대에서 가장 두드러지게 나타나지만, 특정 연령층을 넘어 다양한 연령층에서 볼 수 있는 일종의 시대적 특징을 강조한 것이다. 이렇게 볼 때 '핵개인'은 마냥 쪼개지고 나눠져 고립과 고독 속에서 살아가는 처연함을 표현하기보다는 외부의 전통적 권위에 무조건 순응하지 않고 독립적인 한 개인의 자유를 고수하면서도 고도의 기술문명을 이용해 주로 비대면으로 소통하고 네트워크를 형성해 가는 새로운 시대의 인간상이라고 할 수 있겠다.

핵개인의 문제점

그러나 이번 세미나는 핵개인 시대를 위와 같은 시대적 특징으로만 파악하지 않고, 핵가족을 넘어 핵개인으로까지 쪼

하나님이 계시는데 난 왜 외로울까

개진 시대의 문제점에 집중한다. 핵개인 시대의 사회병리적 현상으로 외로움이 부각되고 있기 때문에, 신학적으로 목회적으로 고찰할 필요가 있다고 판단하였기 때문이다. 우리는 핵개인의 시대에 개인의 자유로움과 비대면적 연대를 존중하면서도 핵개인의 시대의 병리적 측면을 성경의 관점에서 다루어 적극 대처해야 한다.

먼저 핵개인은 비대면 위주의 인간관계를 선호하고, 대면을 통한 인간관계를 어려워한다. 이것은 코로나 시기에 더욱 가속화되고 견고하게 됐다. 물론 비대면이라도 얼마든지 영상이나 문자를 통해 소통할 수 있다. 대면 위주의 소통에서는 꿈꾸기 어려웠던 전 세계 사람과의 소통이 비대면을 통해서는 이루어지고 있다. 그러나 인간은 대면을 통해서만 얻을 수 있는 공감이 있다. 비대면 예배가 임시적 방편일 수는 있지만, 대면 예배를 대체할 수 없는 것도 사람은 같은 공간 안에 있을 때만 이룰 수 있는 공동체성이 있기 때문이다.

둘째, 핵개인은 핵가족까지 쪼갬으로써 가족이 함께 하는 행복을 약화시킨다. 가구 전문점으로 유명한 기업 이케아가 우리나라를 포함한 전 세계 38개 국 소비자 3만 7,428명을 대상으로 2023년 한 해 동안 설문조사를 진행하여 그 결과를

미국에서 가장 잘 팔리는 약은 혈압 강하제이고,
2위는 우울증 치료제라고 한다.
영국엔 '외로움부 장관'이라고 해서
고독과 우울증 문제를 전담하는 장관이 있다.
독일에서는 우울증을 '전 국민적 현상'으로 규정하고
정부가 우울증과의 전쟁을 선포한 바 있었다.

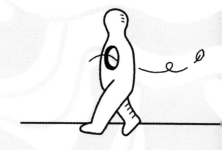

발표했다.[2] 『2023 라이프 앳 홈 보고서』인데, 여기서 우리나라 사람의 40%는 '집에 홀로 있을 때 즐거움을 느낀다'라는 문항에 '그렇다'라고 답했다. '집에 식구들과 함께 있을 때 행복하다'에 '그렇다'라고 응답한 것이 아니라, '집에 홀로 있을 때 즐겁다'라고 대답한 사람이 40%가 넘는다. 조사 대상국 38개국 중 제일 높았다. 우리나라 사람이 '함께 사는 식구들과 웃고 지내는 시간에서 즐거움을 느낀다'라고 대답한 경우는 14%에 그쳐, 조사 대상국 중 최하위에 머물렀다. 전체 평균은 33%다. 또 '집에서 자녀를 키우는 데 보람을 느낀다'에 동의한 응답자 중 우리나라가 가장 적어 '꼴찌'를 기록하였다. 이웃과의 소통에 있어서도 우리나라는 다른 나라에 비해 대단히 약한 편이었다. '이웃과 이야기를 나누면서 소속감을 느낀다'라고 대답한 우리나라 응답자는 9% 정도로 가장 적었다. 전체 평균은 25% 정도였다. 여가를 보내는 방식에 있어서도 우리나라 응답자는 다른 나라와 큰 차이를 보였다. '집 인테리어를 바꾸면서 기쁨을 느낀다', '집안 살림을 하면서 보람을 느낀다'라고 대답한 우리나라 응답자는 각각 6%와 18% 정도로 평균인 25%, 33%에 비해 크게 낮았다. 반면 우리나라 응답자들은 '집에서 혼자 낮잠 자는 것이 좋다'라는 문항엔 28%가 '그렇다'라고 답했는데, 평균인 20%보다 높은 수치다. 또한 잠을 잘 때도 가급적 홀로 자는 것을 선호하는 편이었다. '홀로 자는 것이 숙면에 좋다'라고 대답한 응답자가 30%로 우리나라 가 가장 많았다. 전체 평균은 19% 정도다. 반면, 잠들기 전 가 족들과 인사를 나누는 것 역시 우리나라가 12%로 가장 적었 다. 평균은 25%였다.

　50대 후반인 필자는 중학생 때까지 나만의 방이 없었다. 방 하나에서 다섯 식구가 살았다. 온 가족이 함께 저녁을 먹으면 서 TV를 보는 것이 재미있었다. 특히 <웃으면 복이 와요>라는 코미디 프로는 가족 모두가 즐겨 보는 프로였다. 지금은 아내, 그리고 20대 후반의 두 딸과 함께 사는 핵가족인데, 비교적 자주 온 가족이 모여 식사하면서 이런 저런 이야기도 하고, TV를 보기도 한다. TV는 가족의 연대감을 지켜주는 데 괜찮 은 수단이 아닐까 한다. 외식, 여행 등은 날을 잡아야 하고 경 비도 들지만 TV는 같이 볼 프로그램만 잘 정하면 된다. 다행 히도 우리 가족은 예능 프로그램에 마음이 하나가 된다. TV 를 보고 같이 웃고, 느낌을 서로 나누고, 등장인물에 대해 질 문하고 대답하는 탐구적(?) 대화도 일어난다. 하지만 늘 함께 보는 것은 아니다. 때로는 필자와 아내 둘이서만 TV를 보기 도 하고, 두 딸은 각각 자기 방에서 혹은 가끔은 자기들끼리 스마트폰으로 유튜브를 볼 때도 있고, 4명이 각자 자기 방에 서 자기 일을 하거나 나름의 휴식을 취할 때도 많다. 필자는 가족과 함께 할 때도 좋고, 또 따로 있을 때도 역시 행복하다. 결국 사람은 함께와 홀로를 병행할 수밖에 없고, 그래야 하지 않을까?

셋째, 핵개인 시대에는 1인 세대의 증가와 함께 이에 따른 외로움과 우울증이 동반 성장한다. 지난 4월 9일 발표한 행정안전부 주민등록 인구통계에 따르면 2024년 3월 기준 1인 세대 수는 10,021,413개로 집계됐다.[3] 이는 역대 최대치로, 1인 세대 수가 천만을 넘어선 것은 이번이 처음이다. 그 다음이 2인 세대인데 약 591만 세대(24.6%)다. 그 다음은 3인 세대로 약 404만 세대(16.8%), 이어서 4인 세대가 311만 세대(13%)이고, 5인 이상은 약 92만 세대(3.8%)다. 1인 세대 수는 전체 2,400만 2,008세대의 41.8%로 10세대 중 4세대가 혼자 살고 있는 셈이다. 1인 세대가 증가한 이유는 독거노인의 증가다. 1인 세대를 10살 단위로 나누어보면 60에서 69세가 185만 1,705세대로 가장 많다. 70대 이상 1인 세대는 198만 297세대다. 다음으로 30에서 39세는 168만 4,651세대, 그리고 50에서 59세는 164만 482세대 순이다. 60세 이상 전체를 합치면 약 383만 5천 세대다. 1인 세대의 약 38.3%가 60세 이상이다. 10세대 중 약 4세대가 60세 이상의 고령층이 홀로 살고 있는 것이다. 수치적으로는 20대나 30대보다 더 많다. 고독사가 심심치 않게

아무도 찾아오지 않고 연락도 하지 않은 채
혼자서 살아가는 분들이
상대적으로 외롭고 우울증에 걸릴 가능성은 매우 높다.
이러한 현상은
성경적으로도 큰 문제여서 방치해서는 안 된다.

보도되는 이유도 이처럼 고령의 1인 세대가 많기 때문이다. 건강한 노인들은 낮에는 인근에 있는 노인종합복지센터나 교회가 운영하는 경로대학에 참석하면서 외로움을 달래지만, 혈연 가족이 돌보지 않는 것은 물론 전화 연락도 하지 않아 우울증에 걸린 분도 제법 있다. 이는 실제 필자가 목회 현장에서 경험하고 있는 것이다.

미국에서 가장 잘 팔리는 약은 혈압 강하제이고, 2위는 우울증 치료제라고 한다. 영국엔 '외로움부 장관(Minister for Loneliness)'이라고 해서 고독과 우울증 문제를 전담하는 장관이 있다. 독일에서는 우울증을 '전 국민적 현상'으로 규정하고 정부가 우울증과의 전쟁을 선포한 바 있었다. 물론 혼자 산다고 반드시 우울증에 걸리는 것은 아니다. 우울증의 원인은 다양하지만 아무도 찾아오지 않고 연락도 하지 않은 채 혼자서 살아가는 분들이 상대적으로 외롭고 우울증에 걸릴 가능성은 매우 높다. 이러한 현상은 성경적으로도 큰 문제여서 방치해서는 안 된다. 필자가 섬기는 교회를 포함하여 많은 교회가 독거노인을 찾아 가고 생필품을 지원하는 것도 '버려진 외로움'은 하나님 보시기에 결코 좋지 않기 때문이다. 물론 독거노인 외에도 혼자 사는 장년과 청년들도 돌봐야 한다. 이런 시대적 변화에 사랑의 섬김으로 적극 대처하는 것이 교회의 마땅한 책임이요, 교회가 칭송 받을 길이다.

　비자의적인 수동적 외로움은 하나님의 원하시는 뜻이 아니다. 필자는 이것을 창세기 2장에 나오는 아담의 '독처(獨處)'에 대한 하나님의 시각과 그 해결책을 통해 오늘날 우리에게 주는 교훈으로 살펴보겠다.

II. 아담의 독처: 돕는 배필과의 연합

　2000년에 톰 행크스(Tom Hanks)가 주연한 〈캐스트 어웨이〉라는 영화가 있었다. 톰 행크스가 주인공 척 놀랜드의 역할을 맡았다. 세계적인 배송 기업 페덱스(FedEx)에서 일하는 척 놀랜드는 택배물건을 실은 비행기를 타고 가다가 폭풍을 만나 추락하고 자신만 살아남아 무인도에 도착한다. 무인도에는 비행기에 실린 물건들이 파도에 휩쓸려 해변에 널부러져 있었다. 그 물건 중에 윌슨이란 회사명이 적힌 배구공이 있었는데, 주인공은 혼자서 너무 외롭다 보니 배구공을 마치 사람인 것처럼 생각하고 공에다 얼굴을 그리고, 사람에게 하듯 말을 건넨다. 그러기를 4년의 세월이 흐르고 어느 날 얼기설기 만든 뗏목을 타고 드디어 섬을 떠나 바다로 나아가는데, 폭풍우가

불어와 그만 배구공 윌슨이 떠내려갔다. 잡으려고 했지만 결국 잡지 못한다. 주인공은 눈물을 흘리며 "미안해 윌슨, 미안해"라고 말한다. 사람은 혼자서는 못 사는 법이다.

아담의 독처에 대한 하나님의 평가와 해법

"여호와 하나님이 이르시되 사람이 혼자 사는 것이 좋지 아니하니 내가 그를 위하여 돕는 배필을 지으리라 하시니라"(창 2:18) 창세기 1장에서 하나님이 만드신 모든 것이 다 좋았지만, 아담이 혼자 사는 것만큼은 하나님 보시기에 좋지 않았다. 개역한글성경은 혼자 사는 것을 '독처(獨處)'라고 번역했다. 하나님은 왜 혼자 사는 것이 좋지 않았다고 하셨을까? 다른 동물들은 암수짝이 있음에도, 아담만 사람이면서도 생물학적 여성이 곁에 없어서인가? 그럴 수 있다. 하나님은 아담의 갈빗대로 '여자'를 만드셨고, 아담 역시 '여자'라고 불렀다. 앞서 창세기 1장 27절은 하나님께서 하나님의 형상대로 사람을 창조하시되, 남자와 여자를 창조하셨고, 그들에게 복을 주시면서 생육하고 번성하여 땅에 충만하라는 명령을 주셨다. 창세기 2장은 남자와 여자의 창조에 대한 또 다른 설명인데,[4] '생육하고 번성하라'라는 하나님의 말씀은 남자와 여자가 한 몸을 이루는 결혼과 가정의 형성이 이루어짐을 보여준다.

남자와 여자(아내)가 한 몸을 이루기 위해 남자는 부모를 떠

하나님이 만드신 모든 것이 다 좋았지만,
아담이 혼자 사는 것만큼은 하나님 보시기에
좋지 않았다.

남자와 여자의 연합은 하나님 형상의 반영이다.
성부 성자 성령 하나님께서
각각 고유한 인격으로 존재하시지만
사랑으로 하나가 되듯이 남자와 여자 역시
사랑으로 하나가 되는 것,
그것이 하나님의 형상대로 창조되었다는 뜻이다.

나야 한다. 단순히 남자가 함께 살던 부모의 집을 떠난다는 말이 아니다. 지금까지 부모와 같이 살았던 삶을 벗어난다는 뜻이다. 이제 아내인 여자와 연합해서 살아야 한다. 남자와 여자는 한 몸을 이루어야 한다. 성적인 결합은 물론 모든 문제를 한 몸으로 연합된 관계에서 해결해 나가야 하는 것이다. 하나님은 독처하는 아담을 위해 '돕는 배필'을 지으셨다. 그렇다고 하와가 아담을 수종이나 드는 보조적 위치에 있다는 말이 아니다. 배필은 종속적 위치에서 보조하는 존재가 아니라 대등하거나 때로 월등한 위치에서 도움을 주는 사람이다. '돕는'으로 번역된 히브리어 '에제르'(עזר)는 하나님이 우리를 돕는 분이라고 할 때도 사용된다.(출 18:4 등 참조) 또 하나님께서 아담의 갈빗대 하나를 취하여 살로 대신 채운 후 그 갈빗대로 여자를 만들어 주셨을 때 아담이 "이는 내 뼈 중의 뼈요 살 중의 살이라"(창 2:23)라고 고백한 것도 두 사람 사이에 우열이 있지 않고 긴밀히 하나 되었음을 보여준다. 이 하나 됨은 남자가 부모를 떠나 아내와 연합하여 한 몸을 이룸으로써 실현된다.

남자와 여자의 연합은 하나님 형상의 반영이다.

성부 성자 성령 하나님께서 각각 고유한 인격으로 존재하시지만 사랑으로 하나가 되듯이 남자와 여자 역시 사랑으로 하나가 되는 것, 그것이 하나님의 형상대로 창조되었다는 뜻이다. 즉, 사람은 남자와 여자가 한 몸을 이루는 사랑을 통해 하나님의 형상을 실현한다. 수직적으로는 하나님을 사랑하고, 수평적으로는 남자와 여자가, 또 나와 네가 서로 서로를 사랑하는 공동체를 이루는 것, 그리고 자연을 사랑으로 다스리는(돌보는) 일까지 이루는 것이 하나님의 형상대로 지음을 받았다는 것의 의미다. 그리스도는 하나님의 형상(고후 4:4)이기에 예수 그리스도 안에서만 하나님의 형상을 회복할 수 있으며, 예수 그리스도 안에서 유대인과 이방인이 하나가 되고, 나아가 그리스도가 머리가 되어 만물을 통일하는 것이야말로 하나님 형상의 회복이다.

결혼해도 외로운 이유는 마음의 연합이 잘 되지 않기 때문이다.

결혼은 하나님의 뜻이다. 하나님의 창조질서는 결혼하여 가정을 이루고 후손을 낳고 양육하는 것은 물론 남자와 여자가 연합하여 삶의 모든 문제를 함께 짊어지고 살아가는 것이다. 성적 결합은 부부간 연합의 중요한 측면이지만, 나이에 따라 그 양상은 달라질 수 있다. 신혼 초기에는 한 침대에서 같이 자지만, 50대에 들어서면 따로 자는 경우도 많다. 같은 방에서 따로 자거나, 각 방을 쓰기도 한다. 요즘 미국에서는 부부가 같은 집에서 살지만 잠은 각 방을 쓰는 '수면 이혼'이 유행이라고 한다. 배우자의 잠버릇 때문에 숙면을 취하지 못하면 아침에 일어나서부터 싸우느니 서로의 숙면을 위해 각 방을 쓰자는 것이다. 충분히 그럴 수 있다. 마음이 하나 되고 소통이 된다면 수면 이혼은 별문제 될 것이 없다.

남녀의 결합은 마음의 문제다. 서로의 마음을 나누는 대화가 결여되고, 마음을 살펴주는 적극적 관심이 부족하니 같은 집에 살아도 외로울 수밖에 없다. 같은 공간에 있어도 얼굴을 보며 이야기를 나누지 않고, 각자 휴대폰을 들여다보는 모습은 주변에서 쉽게 찾아볼 수 있다. 대면(對面)하고 있지만 외면(外面)하고 있는 것이다. 어이없지만 이미 익숙해진 이런 사회 현상에 대해 노리나 허츠(Noreena Hertz)라는 학자가 『고립의 시대』라는 책에서 이런 말을 했다. "오늘날 우리는 옆에 사람을 두고 노골적으로 휴대폰과 바람을 피우며, 어찌 된 일인지 이러한 부정(不貞)을 다 같이 수용하기에 이르렀다".[5] 노골적으로 휴대폰과 바람을 피웠다는 말이 정곡을 찌르지 않는가? 그렇다. 대면의 반대는 비대면이 아니라 외면이다.

외면하는 사회

부부 사이뿐만 아니라 모든 인간관계는 외면 때문에 문제가 생기는 것이다. 의도적으로 여러 사람들이 한 사람을 외면하는 경우가 있다. 투명인간처럼 취급하고 따돌린다. 그 피해 사랑하면 얼굴과 얼굴을 마주 대하고 싶다.
보고 싶어하고 그리워한다.
신앙도 하나님을 대면하는 것이다.

에덴동산에서 하나님을 대면했던
아담과 하와가 죄를 범하니
하나님의 낯을 피하지 않던가?
하지만 예수님을 믿는 성도는 마지막 날에
주님을 대면하여 볼 것이다.

자는 외롭고 우울하다. 학교와 직장에서 심심치 않게 일어나는 따돌림 현상이다. 가족 간의 외면은 고독사의 이유가 되고 있다. 고독사가 왜 있는가? 관심이 없기 때문이다. 옆집에 무슨 일이 있는지 무관심하다. 가족이 지켜보는 가운데 죽는 게 아니라, 쓸쓸이 혼자 죽는다. 장례를 치러줄 가족도 없고, 시신 인도를 거부하는 가족도 있다. 놀랍게도 1인 가구의 61.1%는 50대 이상 중장년층이다. 이들 중 상당수는 고시원에 거주하면서 일용직으로 근근이 살아가고 있으며 여러 이유로 가족과 단절되어 산다. 이웃과도 교류가 부족하다. 필자가 섬기는 교회는 이들을 위해 2주에 한 차례 교회에 모여 예배를 드리고 식사를 나눈다. 필자가 어느 종합복지관 관장의 말을 들어보니 복지관에서 혼자 사는 50대 남성들의 모임을 하고자 했는데, 잘 모이려고 하지 않아 시간이 오래 걸렸다고 한다. 필자는 교회마다 있는 남선교회가 이런 분들을 지혜롭고 조심스러운 계획을 세워 다가갈 필요가 있다고 본다. 그것이 핵개인 시대, 중년 남성들을 전도하는 길이 아닐까 한다. 외면의 또 다른 이유는 싫어하기 때문이다. 싫어하는 마음이 발전하면 혐오(嫌惡)가 된다. 싫어하고 미워한다는 뜻이다. 무관심, 싫증, 혐오 등으로 사람을 외면하는 세상, 이것이 죄로 물든 세상의 모습이다. 대면하여 마음을 나누지 못하면 가면을 쓰고 살 수 있다. 괜찮은 척, 점잖은 척 하며 살아가는 것이다.

가면을 벗어 버리고 자신의 민낯을 볼 수 있어야 한다. 그러나 관심이 있고, 좋아하고, 사랑하면 얼굴과 얼굴을 마주 대하고 싶다. 보고 싶어하고 그리워한다. 신앙도 하나님을 대면하는 것이다. 에덴동산에서 하나님을 대면했던 아담과 하와가 죄를 범하니 하나님의 낯을 피하지 않던가?(창 3:8) 하지만 예수님을 믿는 성도는 마지막 날에 주님을 대면하여 볼 것이다.(고전 13:12) 기독교 전통에서는 이것을 지복직관(至福直觀, Visio Dei)이라고 한다. 마음이 연합하는 대면이야말로 최고의 행복이다.

III. 예수님의 외로움: 광야에서 홀로 하나님을 만나시다

〈나 혼자 산다〉, 〈미운 우리 새끼〉 등은 혼자 사는 연예인들의 일상을 보여주는 프로그램이다. MBC의 〈나혼산〉은 벌써 만 11년이 넘었고, SBS의 〈미우새〉도 만 8년이 다 되어가는 장수 프로그램이다. 장수한다는 말은 시대와 통한다는 것이다. 두 프로그램은 결혼하지 않고, 혼자서도 잘 살아가고 있음을 보여준다. 그렇다고 혼자 살라고 말하는 것은 아니고, 프로그램 출연자들이 결혼을 거부하는 것도 아니다. 이제 30세 전후가 되면 어떻게 해서든 결혼해서 가정을 이루던 시절은 지나갔고 40세가 넘어서도 결혼하지 않는 청년들이 늘어나고 있으며, 심지어 결혼을 하지 않겠다는 비혼주의자들, 또 '돌싱'들도 쉽게 볼 수 있다. 지금까지 한 번도 혼자 살아본 적이 없는 필자로서는 혼자 사는 자유를 만끽한다는 것이 무엇인지 잘 모른다. 그러나 혼자 있는 기쁨은 안다. 그 기쁨은 하나님 앞에 홀로 서서 대면하는 황홀한 행복이다. 그 행복과 더불어 철저히 고독한 순간들도 많았지만 말이다. 이제부터 예수님의 고독과 기쁨을 묵상함으로써 핵개인 시대의 외로움에 대한 해법을 생각해 보고자 한다.

인자는 머리 둘 곳이 없다

예수님도 외로우셨을까? 예수님은 늘 하나님 아버지 안에 계시고, 아버지께서는 예수님 안에 계셨기 때문에(요 17:21) 외롭지 않으셨을 것이다. 하지만 공관복음서를 보면 예수님의 외로움이 느껴지는 순간들이 있다. 한 번은 한 서기관이 예수님께 "선생님이여 어디로 가시든지 저는 따르리이다"라고 당차게 말하자, 예수님께서 이렇게 말씀하셨다. "예수께서 이르시되 여우도 굴이 있고 공중의 새도 거처가 있으되 인자는 머리 둘 곳이 없다 하시더라"(마 8:20) 여우나 공중의 새와 같은 미물도 거처가 있는데 예수님은 머리 둘 곳조차 없으셨다. 예수님의 고독이 느껴지는 짠한 말씀이다. 하지만 예수님의 말씀은 그 이상이다. 단순히 하나님 나라를 전파하기 위해 이

말씀이 육신이 되어 이 땅에 오셨지만
세상이 그를 알지 못하였다.
세상은 로고스로 말미암아 지은 바 된 그의 땅이요,
그의 백성이지만 영접하지 않았다.

곳 저 곳을 다니실 때 오늘 어디서 숙박을 해야 할지 모르겠다는 걱정 정도가 아니라, 세상의 거부와 배척을 의미한다. 머리 둘 곳 없는 예수님의 모습은 하늘의 지혜가 이 땅에 내려와 거처를 찾지 못하는 지혜 전승에 잇닿아 있기도 하다.(에녹 1서 42:1-2 참조) 예수님의 제자가 되려면 일상의 안전함과 보장을 포기해야 하고, 배척과 멸시를 감수해야 한다. 말씀이 육신이 되어 이 땅에 오셨지만 세상이 그를 알지 못하였다. 세상은 로고스로 말미암아 지은 바 된 그의 땅이요, 그의 백성이지만 영접하지 않았다. 그러나 영접하는 자에게 하나님의 자녀가 되는 권세를 주신다.(요 1:10-12) 세상은 예수를 배척하는가 영접하는가에 따라 나누어 진다.

예수님은 고향 나사렛에 가셔서 안식일에 회당에서 가르치시고 이적도 행하셨지만 배척을 당하셨다. 이 때 예수님은 "선지자가 자기 고향과 자기 친척과 자기 집 외에서는 존경을 받지 못함이 없느니라"(막 6:4)라고 말씀하셨다. 이 말씀은 4개의 복음서 모두에 나오는 구절로 (마 13:57; 눅 4:24; 요 4:44), 예레미야처럼(렘 11:21) 선지자가 하나님으로부터 받은 소명을 감당할 때 가장 가까운 사람들로부터 소외되고 배척당하는 외로움을 잘 표현해 주고 있다. 또 예수님이 겟세마네에서 기도하실 때 3명의 제자들이 깨어 기도해 달라는 예수님의 요청에 부응하지 못하고 잠이 들었다. 제자들이 영적으로 연약하여 예수님의 고난에 함께 하지 못하였고, 이로 인해 예수님이 느끼셨을 외로움이 크셨을 것이다. 오직 하늘의 천사만이 예수님의 기도를 도울 뿐이었다.(눅 22:43) 이후에 예수님이 체포될 때 제자들이 도망치고, 베드로는 세 차례 부인하고, 골고다 언덕에는 마리아와 사랑하시는 제자 외에는 있지 않았다는 사실 모두는 예수님이 우리를 구원하시기 위해 얼마나 외로우셨을지를 잘 보여주고 있다. 사명자의 길은 외로운 법이다.

바울의 외로움

바울도 마찬가지였다. 바울은 말년에 기록한 디모데후서 4장 10절에서 자신을 떠나간 동역자들에 대해 언급한다. "데마는 이 세상을 사랑하여 나를 버리고 데살로니가로 갔고 그레스게는 갈라디아로, 디도는 달마디아로 갔고"(딤후 4:10) 데마는 빌레몬서 1장 24절과 골로새서 4장 14절에서 '나의 동역자'로 언급되지만, 지금은 세상을 사랑하여 바울을 버렸다. 한 때 복음의 동역자가 배교하였을 때 얼마나 바울의 마음이 힘들었을까? 사명자는 외롭다. 리더는 외롭다. 그러나 감내해야 한다.

광야와 홀로서기

제자들의 배반이나 주변 사람들의 배척 외에도 예수님은 홀로 하나님 앞에 서셨다. 마가복음 1장 12절에 따르면 성령이

하나님이 계시는데 난 왜 외로울까

예수님을 광야로 몰아내셨다. '몰아내다'로 번역된 헬라어 '에 크발로'(ἐκβάλλω)는 강제성이 느껴지는 단어다. 마치 예수님은 싫은 데도 억지로 성령이 광야로 몰아넣었다는 뉘앙스가 있다. 그래서일까? 마태와 누가는 성령에게 '이끌리어'(ἀνήχθη 아 넥쎄, 마 4:1; 눅 4:1)로 순화시킨다. 그러나 예수님의 광야 금식 기도와 시험은 하나님 나라가 임하는 데 불가피한 과정이었다.

광야란 사람이 살기 어려운 곳이다. 낮에는 뜨거운 열기로, 밤에는 추위와 짐승들 때문에 위험하다. 그래서 예수님은 광야에 있는 동굴에서 금식하며 기도하셨을 것이다. 그렇다. 광야 동굴이 예수님의 거처였다. 이때만이 아니라, 예수님은 새벽 아직 밝기 전에 한적한 곳(광야)에 가서 기도하셨는데(막 1:35), 이 역시 광야 동굴일 것이다. 예수님의 영성은 광야의 영성이다. 찬송가 가사처럼 "저 요란한 곳 피하여" 혼자서 하나님을 대면하는 자발적 홀로됨의 영성이다. 자신은 혼자 있고 싶지 않은 데 이러 저러한 사정으로 홀로 남게 되면 고통스럽지만 스스로 외부와 차단하고 하나님 앞에 서면 행복하다. 혼자여서 힘든 게 아니라 홀로서지 못해서 공허한 것이다.

일찍이 키에르케고르는 인간의 본래적 실존을 '신 앞에서 선 단독자'라고 했다. 단독자는 낱개가 아니다. 낱개는 많은 것 중의 하나이지만, 단독자는 그 자체로 고유하고, 그 자신이 예수님의 영성은 광야의 영성이다.
찬송가 가사처럼 "저 요란한 곳 피하여"
혼자서 하나님을 대면하는 자발적 홀로됨의 영성이다.

우리는 홀로 광야에서 시험을 이기신
예수님의 모습을 닮아야 할 것이다.
하나님 앞에 홀로 서는 광야로 가지 않는 한,
제 아무리 멋진 사진을 인스타그램에 올리고
수많은 좋아요를 얻는다해도 기쁨은 잠시일 뿐
마음은 다시 공허해 질 것이다.

광야에서 하나님을 홀로 대면하고,
기도의 다락방에서 함께 기도하자.
광야와 다락방, 이 두 곳이
우리의 새로운 거처가 되기를 바란다.

전체가 된다. 단독자는 키에르케고르가 말 한 3가지 실존 중 '종교적 실존'을 표현한다. 향락을 즐기는 심미적 실존이나 하나님 없이 도덕을 추구하는 윤리적 실존을 넘어 절대자 하나님을 긍정하고 그 앞에 설 때만이 비로소 참된 자신일 수 있다는 종교적 실존의 자아, 그것이 단독자다. 단독자는 처절한 외로움이 아니라 천하보다 귀한 생명으로 자기를 만드신 창조주 앞에 서는 자아회복의 기쁨이다. 신학자 폴 틸리히가 말한 "외로움이란 혼자 있는 고통을 표현하기 위한 말이고, 고독은 혼자 있는 즐거움을 표현하기 위한 말이다"라는 것 역시 같은 맥락일 것이다. 자발적으로 하나님 앞에 서는 단독자가 될 때 세상을 이기는 힘을 얻게 된다. 아담은 인류의 첫 번째 인간으로서 뱀의 시험에 졌지만, 두 번째 아담 예수님은 이기셨다. 맥스 루케이도는 이것을 아래와 같이 멋들어지게 표현하고 있다.

"예수님은 왜 광야로 가셨나? 역사상 두 번째로, 타락한 천사가 타락하지 않은 인간에게 싸움을 걸었다. 재대결을 신청한 것이다. 첫째 아담이 실패한 곳에 둘째 아담은 승리하러 오셨다. 그러나 예수님이 당하신 시험은 훨씬 혹독했다. 아담은 아름다운 에덴동산에서 시험 받았지만, 그리스도는 황량한 광야에서 시험 받으셨다. 아담은 배부른 몸으로 사탄을 대면했지만, 그리스도는 혹독한 굶주림 속에서 대면하셨다. 아담에게는 하와라는 동지가 있었지만, 그리스도는 혼자였다. 아담의 숙제는 죄 없는 세상에 죄 없이 남는 것이었지만, 그리스도의 싸움은 죄로 물든 세상에 죄 없이 남는 것이었다."[6]

우리는 홀로 광야에서 시험을 이기신 예수님의 모습을 닮아야 할 것이다. 하나님 앞에 홀로 서는 광야로 가지 않는 한, 제 아무리 멋진 사진을 인스타그램에 올리고 수많은 좋아요를 얻는다 해도 기쁨은 잠시일 뿐 마음은 다시 공허해 질 것이다. "풀은 마르고 꽃은 시드나 우리 하나님의 말씀은 영원히 서리라".(사 40:8)

IV. 맺는 말: 광야와 다락방, 성령 안에서 홀로와 함께의 통합

하나님 앞에 홀로 서는 기쁨을 누리는 사람들은 함께 모여 예배하고 기도해야 한다. 예수님은 두세 사람이라도 예수의 이름으로 모인 곳에 함께 하신다.(마 18:20 참조) 그렇다. 예수님의 이름으로 모여야 한다. 예수 안에서 홀로 서기의 기쁨을 누린 자들이 모여야 한다. 또한 오순절 성령 강림도 그렇다. 성령 강림은 120명의 성도들이 함께 모여 기도하는 중에 일어나, 각자 각자에게 임하셨다. "마치 불의 혀처럼 갈라지는 것들이 그들에게 보여 각 사람 위에 하나씩 임하여 있더니 그들이 다 성령의 충만함을 받고 성령이 말하게 하심을 따라 다른 언어들로 말하기를 시작하니라".(행 2:3-4) 성령께서 각 사람 위에 하나씩 임하자 그들이 다 성령 충만하여 성령이 말하게 하심을 따라 다른 언어를 말하기 시작했다. 오순절 성령 강림 사건은 개인과 전체가 성령 안에서 통합되는 사건이었다. 광야에서 하나님을 홀로 대면하고, 기도의 다락방에서 함께 기도하자. 광야와 다락방, 이 두 곳이 우리의 새로운 거처가 되기를 바란다.

나눔 질문

❶ 내가 외롭다고 느낄 때는 언제입니까? 그 외로움을 어떻게 해결하고 있습니까?

❷ 예수님께서는 철야 산 기도(눅 6:12)와 광야 새벽기도(막 1:35) 등을 통해 하나님 아버지와 홀로 대면하는 시간을 자주 가지셨습니다. 나는 얼마나 자주, 또 어떻게 말씀묵상과 기도를 하고 있습니까?

❸ 여러분이 속한 교회는 외로운 성도나 지역 사회의 외로운 분들을 위해 무엇을 하고 있으며, 나는 어떻게 참여하고 있습니까?

두 개의 산

번영(prosperity)에서
번성(flourishing)으로 [1]

송용원 교수

"외로움은 단순히
다른 사람으로부터의 사회적 고립에
관한 것이 아닙니다.
외로움은 여러 종류의
권한 박탈에서 비롯됩니다.

여기에는 의미 있는 일,
어린 시절 양육, 지위와 존중, 자연 세계,
안전하고 희망찬 미래와의 단절이
포함되어 있습니다."

- 요한 하리

들어가는 말: 외로운 사람들[2]

2023년 5월 미국 시사주간지 《뉴스위크》에는 「2023년 사회적 연결과 공동체가 외로움과 고립이라는 전염병을 치유하는 효과에 대한 미국 공중보건국장의 권고안」에 관한 특집 기사가 실렸다. 비벡 머시(Vivek Murthy)의 '외로움이라는 전염병'에 대한 연구 결과였다. 이에 따르면, 미국인의 절반가량은 이미 코로나19 이전부터 고독사의 영향권 아래 놓이기 시작했다고 한다. 머시 박사는 외로움이라는 전염병을 낫게 하는 '연결의 열쇠'가 생각보다 어렵지 않고 간단히 실천할 수 있는 것이라고 알려 준다. 친구의 전화를 받고, 누군가를 초대하여 식사를 나누고, 대화 중에 경청하고 함께하며, 타인에게 봉사할 기회를 찾으라는 것이다. 그는 "이러한 단계는 사소해 보일 수 있지만 무척이나 강력하다"라고 강조하였다. 하지만 뉴스위크는 이 권고안이 외로움과 고립을 극복할 수 있는 좋은 방법이 있음에도 왜 사람들이 사용하지 않는지 그 원인은 짚어내지 않았다고 지적하였다. 뉴스위크 기사는 『잃어버린 연결』(Lost Connections)의 저자인 요한 하리(Johann Hari)의 진단을 간략히 소개하는 정도로 마무리하였다. "외로움은 단순히 다른 사람으로부터의 사회적 고립에 관한 것이 아닙니다. 외로움은 여러 종류의 권한 박탈에서 비롯됩니다. 여기에는 의미 있는 일,

어린 시절 양육, 지위와 존중, 자연 세계, 안전하고 희망찬 미래와의 단절이 포함되어 있습니다."[3]

최근 김용 세계은행(전)총재는 한국이 우울증이나 우울 증상은 37%로 세계 최고이면서도 항우울제 투여량은 최저라는 이중 병리 현상을 지적하며 다음과 같이 경고를 던졌다. "한국은 인간 역사상 유례없는 저출생률을 기록하고 있다. 한국의 출생률은 수백 년 전 유럽에 전염병이 돌았던 시기보다 낮다. 인구 절벽이 가속화되고 한국의 자살률은 전 세계에서 가장 높으며 세계에서 가장 심각한 외로움이라는 전염병이 퍼진다면 이는 한국 사회의 근간을 흔드는 위협이 될 수 있다."[4]

퓨리서치(Pew Research)의 조사에 따르면, 한국에서의 외로움이라는 전염병은 미국 등 여타 선진국의 그것보다 훨씬 심각하고도 치명적인 것으로 우려되는 상황이라는 것이[5] 문제인 것이다. 2021년 세계 17개 선진국을 대상으로 (어쩌면 외로움 전염병의 백신 혹은 치료제가 될 수도 있을) '무엇이 삶을 의미 있게 만들까요?'라는 설문조사에서 유독 한국만이 물질적 풍요를 1순위로 꼽았다. 반면에 14개국은 가족, 1개국은 건강, 1개국은 사회가 1순위였다. 더욱 참담한 사실은 한국인의 선택에 친구, 일, 취미는 아예 없다는 것이다. 이것은 어쩌면 예견된 일인지도 모른다. 이미 2017년 경제협력개발기구(OECD)의 '더 나은 삶 지수'(Better Life Index)에 비친 대한민국의 자화상은 참혹했다. '당신이 정말 어려울 때 도움을 청할 사람이 있습니까? 단 한 사람이라도.'라는 이 질문의 결과 한국은 최하위였다. 가장 외로운 순간 연락할 사람이 없는데,[6] 세계 최고의 스마트폰을 만들면 뭐 하나 싶은 생각이 들 지경이다. 같은 전염병이라도 훨씬 치명적인 변종이 있듯이, 어쩌면 '외로움이라는 전염병' 중에서도 심각한 변종이 우리 사회에 널리 퍼진 지도 한참 지난 건 아닐까 걱정스럽다. 대다수의 한국인은 아마도 물질적 풍요가 달성되면 외로움이 해결될 것으로 생각했던 모양인데 이것은 요한 하리가 진단했던 외로움의 근원적 원인과는 동떨어진 처방이다.

『한국교회 트렌드 2024』에서는 '외로움이라는 전염병'의 등장 배경으로 신자유주의와 경제 불황으로 인한 부의 불평등 심화, 공동선이 아닌 사익의 추구, 스마트폰과 소셜 미디어(SNS) 환경, 도시화 및 1인 가구 증가와 같이 삶의 방식의 급격한 변화 등을 꼽았다. 문제는 한국이 세계 어느 나라보다 강한 물질적 가치관을 가지고 재화가 주는 안정감을 통해 삶의 행복을 추구하려는 욕망이 거세진 반면 재화 자체를 충분하게 얻을 수 없는 현실 속에서 상대적 박탈감과 불만족이 필

국민 절반 정도가
경제적 어려움 등으로 인한 외로움을 호소하는 현실이
그리스도인들에게도 심지어 교회 안에서조차도
예외가 아니었다.

신자 중 80퍼센트 이상이
외로움에 대처하는 방안으로 신앙 활동이 아닌
다른 방식, 예를 들면
독서, 영화 감상, 여행, 운동, 친목 모임 등의
다양한 취미생활에 의지한다는 통계는
많은 시사점을 던져 준다.

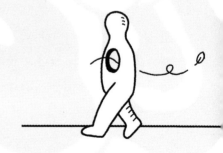

연적으로 따른다는 점이다.[7] 국민 절반 정도가 경제적 어려움 등으로 인한 외로움을 호소하는 현실이 그리스도인들에게도 심지어 교회 안에서조차도 예외가 아니었다는 대목은 교회가 외로움을 해결하는 의미 있는 역할을 하지 못했음을 지적하고 있다. 더군다나 신자 중 80퍼센트 이상이 외로움에 대처하는 방안으로 신앙 활동이 아닌 다른 방식, 예를 들면 독서, 영화 감상, 여행, 운동, 친목 모임 등의 다양한 취미생활에 의지한다는 통계는 많은 시사점을 던져 준다.[8] 목회데이터연구소는 한국 사회에 가득한 외로움이 이제 사회적 상황이 되어버린 이상, 어떻게 외로움에 대처할 것인가의 물음에 더 이상 개인적 차원의 해결보다는 사회적 차원의 해결을 모색해야 한다고 말한다. 지금은 어떤 식으로든 우리가 서로 연결되어 있음을 확인하고 서로를 돌아볼 수 있어야 한다는 것이다. 교회가 지지와 공감, 신뢰와 친절을 나누는 DNA를 가진 영적이며 실체적인 공동체이므로 일반 시민뿐만 아니라 신자들이 외로움에 대처하는 주요 방식을 교회 안에서 적극적으로 활성화하면 좋겠다고 제언한다.[9]

하지만 필자는 이러한 논의와 더불어 그리스도인들이 외로움의 신학적, 영성적, 실존적 차원을 직면해야 한다고 본다. 무엇보다 그리스도인들은 '인간은 인간이기 때문에 혼자'라는 신학자 폴 틸리히(Paul Tillich)의 전제에 다시금 주목할 필요가 있다. 그는 살아 있는 모든 피조물은 분리되어 있기에 하나님도 인간을 홀로 있음에서 해방하실 수 없다고 단언한다. 여기에는 '인간이 자기에게 집중하는 것이야말로 인간의 위대성'이 되도록 지음받았다는 의미가 있다. 그러나 문제는 인간의 '홀로 있음'(aloneness)이 때로는 자신에게 영광이 되기도 하지만 때로는 고통이 되기도 한다는 것이다. 이러한 현실을 아는 틸리히는 전자를 '고독'(solitude), 후자를 '외로움'(loneliness)이라 구분한다. 오늘날의 '외로움이라는 전염병'은 후자에 해당하는 사안이다. 그는 교제의 느낌을 주었던 이들이 떠났을 때 외로움은 지속적인 상태가 되고 심각한 우울을 지속시키는 원인까지 된다라고 진단한다. 하지만 일반 학문의 진단과 달리 그는 경제적·사회적으로 더 나은 상황이라 상대적으로 외롭지 않은 이들조차 죄책과 죽음으로 인한 외로움에서 오는 궁극적인 고립감은 어찌할 도리가 없다고 결론을 내린다.[10]

세속화의 엄연한 현실을 보여주듯이 신자라 해도 외로움의 원인으로 경제적 어려움을 가장 많이 꼽았다. 이러한 지표를 고려해 볼 때, 교회 내에서 단순하게 이런저런 상호 교류를 증진 시키는 노력만으로 근원적인 해결책이 될 수 있을 지에는 의심이 들지 않을 수 없다. 경제적·신체적 어려움 이면에 더 깊은 원인이 내재한다면 그것을 먼저 짚어 보는 작업이 필요하지 않을까하는 마음을 떨쳐내기가 어렵다. 그래서 필자는 마치 파블로 피카소(Pablo Picasso)의 작품 「꿈」(1932)에서처럼, 일시적인 가치와 그것을 넘어서는 가치를 각각 지향하는 두 개의 산 사이에 있는 그리스도인들의 자화상의 입체적 윤곽을 대략이나마 스케치하고자 한다. 마치 그것은 경제적 풍요로도 해결되지 않는 태산 같은 외로움의 영적 두께를 직시하고, 그곳에서 서서히 나오도록 도울 수 있는 진실한 지도-비록 그것이 오래되었다 해도-를 흘낏 들여다보려는 것과 같다.

첫 번째 산에서 두 번째 산으로

2020년 아브라함 카이퍼상 수상자로 선정된 뉴욕 타임스 칼럼니스트 데이비드 브룩스(David Brooks)는 『두 번째 산』(The Second Mountain)에서 인간의 일생에는 두 개의 산이 있다고 말한다. 누구나 먼저 오르려는 산, 이것이 '첫 번째 산'이라 불린다. 첫 번째 등정에서 사람들은 대개 자신의 정체성을 확립하고, 부모에게서 독립하며, 재능을 연마하고 확고한 자아를 세우며, 자신의 족적을 세상에 남기려고 노력하는 마음으로 산행을 시작한다.[11] 산 정상에서 만나는 자신이 진짜일 것이라고 철석같이 믿는다. 누구나 성공하고, 남들에게 부러움과 존경을 받으며, 외로움은 사라지고, 좋은 평판도 얻고, 개인적인

그리스도인들은
'인간은 인간이기 때문에 혼자'라는
신학자 폴 틸리히의 전제에
다시금 주목할 필요가 있다.

여기에는
'인간이 자기에게 집중하는 것이야말로
인간의 위대성'이 되도록
지음받았다는 의미가 있다.

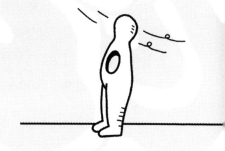

행복과 안락을 누리려 그 산을 오른다. 문제는 그 산에 오르려는 경쟁자가 너무 많다는 것이다. 그래서 종종 아찔한 순간이 찾아오고 끔찍한 일도 일어난다. 그래서 '첫 번째 산'에서는 조난당하는 사람들이 속출하기 마련이다. 브룩스는 자기 성취를 위한 '첫 번째 산'을 오르는 과정에서 호된 실패와 시련을 겪으며 나가떨어지는 일이 발생하기 마련이라고 말한다. 설령 천신만고 끝에 정상에 올랐다고 해도 '이게 내가 바라던 전부인가?' 하는 쓸쓸한 독백만 남는다는 것이다. 자신이 길을 통째로 잃었다는 진실, 그리고 밀려오는 외로움과 마주하는 곳은 다름 아닌 '첫 번째 산'의 정상이다.[12]

인생에는 전혀 예상치 못한 난관이 있는 법이다. 피라미드 산이든 마의 산이든 '첫 번째 산'을 등정하려 했다가 고꾸라지는 순간이 찾아온다. '인생을 바꾸어놓는 비극'에 한 번 세차게 맞게 되면 가는 곳이 있다. 골짜기다. 골짜기가 있어 내 발로 걸어 내려간 것이 아니라 그냥 굴러 떨어진 것이다. 골짜기, 그 얼마나 외로운 자리일까! 하지만 그곳에는 외로움만 있지 않다고 브룩스는 말한다. 계곡에 떨어지는 추락이 이상하게도 '행복한 추락'이라는 것이다. 그리고 그는 행복한 추락의 고통 속에서 인간은 자신의 참 자아를 찾는 어떤 계시의 순간을 맞이한다고 말한다.[13] 그리고 덧붙인다. 그것은 '두 번째 산'이 부르는 소리라고 말한다.

애굽이라는 '첫 번째 산'에서 굴러 떨어진 모세를 부르는 '두 번째 산'이 있었다. 바로 '시내산'이다. 요세푸스(Flavius Josephus)에 따르면, 시내산은 그 지역 산 중 최고봉일 뿐 아니라 유난히 가팔라서 오르기 힘들고 쳐다보기만 해도 아찔할 정도의 산[14]이라 한다. 이처럼 시내산은 처음부터 오를 수 있는 산이 아니었다. '첫 번째 산'에서 조난당해 계곡에 떨어져 본 사람만 갈 수 있는, 아니 절대자의 초청을 받은 자만 이끌리게 되는 산이다. 프레드릭 비크너(Frederick Buechner)는 인간이 '두 번째 산'에서 모세처럼 양과 염소 똥을 잔뜩 묻힌 신발을 신고 실패, 기만, 위선이라는 삶의 먼지를 뒤집어쓴 나그네 신세가 된 채 떨기나무 앞에 (외로이-필자 주) 서게 된다고 털어놓는다.[15] 그러나 '첫 번째 산'을 침범할 때 자신이 되고자 했던 '자신의 이상적 자아'(ego ideal)를 중시하며 경계를 넘다가 거의 죽을 뻔했다면, '두 번째 산'으로 이끌릴 때는 '전인적인 인간'(whole person)을 중시하며 조금씩 되살아난다.[16] 자기중심적인 마의 산에서 타인 중심적인 시내산으로, 자아가 중요했던 피라미드 산에서 소명이 중요한 시내산으로 발걸음을 옮긴 덕분이다.

'첫 번째 산'을 정복해서 자신이 바라는 우상을 제조하려 하던 오만한 내가 이제는 '두 번째 산'에 정복되고 싶은, 그래서 산 정상이 아니라 경계까지만 오르는 겸손한 내가 되어 하나님이 바라시는 존재로 변해 간다.[17] 드디어 내가 원하는 자리가 아니라 내가 있어야 할 자리로 인도된 것이다. 조엘 오스틴(Joel Osteen)이 '첫 번째 산'에 올라가 잘 풀리는 인생, 잘 나가는 인생을 누리라는 소위 '번영의 복음'(prosperity gospel)을 선언했다면, 미로슬라브 볼프(Miroslav Volf)는 '두 번째 산'에 올라 진정 의미 있는 인생을 누리라는 또 다른 차원의 '번성의 복음'(flourishing gospel)을 선언한다.[18] 바로의 피라미드 산과 토마스 만의 마의 산에서 추구한 것이 끝내 '사라지고 마는 (그래서 외롭기 짝이 없는) 기쁨'이라면, 모세의 시내산과 썬다 싱(Sadhu Sundarsingh)의 히말라야 산맥에서 조우한 것은 결코 '사라지지 않는 (그렇기에 외롭지 않은) 기쁨'이었을 것이다. 어쩌면 두 산 사이에 있는 인생 계곡에서 지내는 외로움의 경험은 모호한 성취에 집착하던 '낡은 자기'가 빠져나와야 할 소모적인 시간이 아닐 것이다. 오히려 그것은 명료한 소명을 지향하는 '새로운 자기'로 다시 빚어져 궁극적 헌신을 향해 활짝 열리기 위해 고스란히 거쳐야 하는 의미 있는 시간이 되는 것이다.[19]

가면의 기슭에서 얼굴의 기슭으로

그렇다면 첫 번째 산을 오를 때 인간은 등반의 성공을 위해 무엇을 준비했을까? 스위스 정신의학자 폴 투르니에(Paul

Tournier)에 따르면 사람은 '실제 인간'(la personne)과 '등장인물'(le personnage)로 구성되어 있다고 한다.[20] 첫 번째 산에서 인간은 등장인물이라는 겉옷을 선택한다. 그리고 번영의 삶을 꿈꾸며 발을 내딛는다. 본래 실제 인간과 등장인물은 하나님의 형상과 신적 소명이 조화되도록 밀접하게 연결된 속옷과 겉옷 같은 것이다. 하지만 에덴에서의 타락 이후 실제 인간이라는 속옷은 심각하게 손상되었다. 그 후로 사람은 누구나 왜곡된 자신의 속내(속옷)를 완전히 드러내는 법이 없다. 대신에 등장인물이라는 두꺼운 겉옷으로 속옷을 감추어 버린다. 그래서 참된 자아를 드러내는 통로가 되어야 할 나의 얼굴 또한 나의 욕망을 위해 장만한 가면(persona) 노릇을 하고 만다. "마스크를 쓰고 거리 두기를 해야 간신히 모일 수 있는 코로나 시대의 낯선 풍경도 어쩌면 그동안 우리가 자랑하던 현대 문명의 화려한 치장 뒤에 가려진 민낯을 보여 주는 것이 아니었나 싶다.(중략) 코로나 이전에 우리가 가진 대부분의 만남은 각자 분장하거나 가면(mask)을 쓴 등장인물이 되어 만나던 정신적 만남이었음을 부인하기 어렵다."[21]

이는 사실 요즘 2030세대가 '관계의 미니멀리즘'을 추구하는 것과도 깊은 관련이 있다. 미니멀리즘이란 과한 것은 덜어 내고 단순함과 간결함을 추구하는 삶의 방식이다. 왜 관계의

하나님이 계시는데 난 왜 외로울까

미니멀리즘을 추구할까? '표면적 관계로부터 느끼는 허전함'에 지쳐가고 반면 소중한 사람에 대한 '진짜 그리움은 심화되고 있기' 때문이다.[22] 하지만 두 번째 산을 등정할 때 인간은 이제 등장인물이라는 겉옷에 그다지 신경을 쓰지 않는다. 오히려 실제의 인간인 속옷에 깊은 관심을 가진다. 가면이 아니라 자신의 진짜 얼굴에 정성을 기울이게 되는 것이다. 하나님의 공동 은혜로 "모든 인간에게는 여전히 어떤 얼굴이 있습니다."라고 주장한 철학자 에마뉘엘 레비나스(Emmanuel Levinas)의 말처럼, 인간의 얼굴은 단순한 사물이 아니다. 얼굴은 존재를 나타내고 자신을 보여 주는 통로다.[23] 에덴의 타락 후에도 여전히 타자의 얼굴은 단지 밖에서 오지 않고 저 위에서 오는 어떤 것이다. 인간의 얼굴에는 낮음만 있지 않고 높음이 공존한다.[24] 그것은 하나님 형상으로 지음을 받은 인간 얼굴이 그 분을 비추는 거울과 같기 때문일 것이다.

C. S. 루이스(C. S. Lewis)는 『우리가 얼굴을 찾을 때까지』에서 주인공 오루알 공주의 입을 빌려 이렇게 자문한다. "우리가 아직 얼굴을 찾지 못했는데, 어떻게 하나님의 얼굴을 맞댈 수 있을까요?"[25] 성경은 얍복 강가에서 얼굴을 숨기신 하나님과 먼저 씨름한 덕에, 외로운 야곱이 자신과 형의 얼굴을 되찾게 되었다고 전한다.(창32:30) 하나님의 얼굴은 타자의 얼굴

'첫 번째 산'을 정복해서 자신이 바라는 우상을
제조하려 하던 오만한 내가
이제는 '두 번째 산'에 정복되고 싶은,
그래서 산 정상이 아니라 경계까지만 오르는
겸손한 내가 되어
하나님이 바라시는 존재로 변해 간다.

C. S. 루이스는
『우리가 얼굴을 찾을 때까지』에서
주인공 오루알 공주의 입을 빌려 이렇게 자문한다.
"우리가 아직 얼굴을 찾지 못했는데,
어떻게 하나님의 얼굴을 맞댈 수 있을까요?"

을 통해 거울로 반사하듯 현현하는 계시라고 할 수 있다. 그 어떤 인간도 하나님의 얼굴을 직접 보고 살 자가 없다. 햇빛은 달빛으로 반사해서 볼 때 아름답고 해로움이 없다. 햇살을 받는 대상의 광채에서 태양을 인식하듯, 타인의 얼굴을 통해 그분의 얼굴이 보이고 나의 얼굴도 보이는 법이다. 거기에 외로움이란 있을 수 없다. 반면에 아무리 경제적으로 풍요로워도 나르시스의 연못에 비친 자아의 얼굴만 들여다보면, 나의 온전한 얼굴을 만날 수는 없다. 하나님의 얼굴과 타인의 얼굴이 없는 나만의 얼굴이란 애초에 존재하지 않기 때문인 것이다.

자아의 능선에서 인격의 능선으로

오늘날 사람들 관심은 온통 '나'다. '진정 나의 나 됨이란 무엇일까?' 하는 자아에 대한 존재론적 질문이나 '진정 내가 잘 사는 길은 무엇일까?' 하는 인생에 대한 궁극적 질문도 던져보지만, 역시 '어떻게 하면 내가 하고 싶은 것을 하면서 삶을 맘껏 누릴 수 있을까?' 하는 갈망에 가장 많은 시간과 열정을 쏟아 붓는다. 그러나 우리는 '나'에 대해 관심이 많으면서도 정작 두 종류의 '내'가 있다는 사실을 명확하게 인지하지 못한다. 유대인 철학자 마르틴 부버(Martin Buber)는 우리가 '나' 자체로 존재할 수 없다고 단언한다. 오직 '나와 그대'(Ich-Du)의 '나'가 있든지, '나와 그것'(Ich-Es)의 '나'가 있을 뿐이라는 것이다. 사람이 온 존재를 기울여 어떤 대상을 사랑하면 '그대의 나'가 될 수 있다. 반대로 그 대상을 소유하고 지배하려 하면 '그것의 나'가 되고 만다. 전자는 관계의 세계를 형성하지만, 후자는 경험의 세계에 머물 뿐이다. 관계의 세계에서는 함께 했던 나날의 정겨운 추억이 남지만, 경험의 세계에서는 외롭고 쓸쓸한 기억만 남는다. 부버는 덧붙인다. '그대'라고 말하는 사람은 '그 무엇'을 가지려 하지 않고 더 나아가 아무것도 가지려 하지 않지만, 마침내 '관계'의 세계에 들어선 사람이라고 말이다. 그리고 관계의 세계를 세우는 '나'로 온전히 들어선 사람은 마침내 '영원한 그대'이신 하나님과 마주하는 '내'가 될 것이라고 말한다.[26] 이와 관련하여 신학자 밀리오리(Daniel L. Migliore)는 루터가 "하나님은 나를 창조했다"라는 고백에 이어 "하나님은 나와, 존재하는 모든 것을 창조했다"라는 고백을 덧붙였다는 사실을 환기하면서, 모든 피조된 존재의 '공존성'과 '상호 의존성'을 다음과 같이 풀어낸다.

"피조성은 고독한 또는 독재적 존재를 의미하기보다 철저한 공존성과 상호 간의 의존성을 의미한다. (중략) 칼 바르트(Karl Barth)의 말처럼 공존은 인간성의 '기본적 형태'이고 우리 인간은 오직 하나님과의 관계와 인간 상호 간의 관계 속에서만 진정한 인간이 될 수 있다. (중략) 하나님은 세상을 고독한 존재자들의 집합체가 아니라 함께하는 삶을 위해 창조했다. 하나님 자신의 영원한 삶은 교제 안에서의 존재라는 인간 구조를 직접 반영하는 것이다."27

이러한 생각에 공감하는 데이비드 브룩스(David Brooks)는 『인간의 품격』에서 '이력서 덕목'보다 '조문(弔文)덕목'이 더 중요하다고 강조한다. 부버의 '그것의 나'는 번영(prosperity)을 위한 '이력서 덕목'을 써 가지만, '그대의 나'는 번성(flourishing)을 위한 '조문 덕목'을 써 간다고 할 수 있겠다. 무슨 말인가? '이력서 덕목'은 야망에 충실하고 실용을 중시하며, 경제 논리를 따르는 '외적인 아담'을 소개하지만, '조문 덕목'은 초월적 진리에 순응하고 친밀한 사랑을 원하며, 타인을 위해 헌신하려는 도덕 논리를 따르는 '내적인 아담'을 기억하기 위해 작성된다.28 칸트(Immanuel Kant)의 말처럼 곧은 것이라고는 그 어떤 것도 만들어 낼 수 없는 '뒤틀린 목재'(crooked timber)를 닮은 타락한 인간이다. 그러한 실체적 형상은 (외적)'아담Ⅰ'에 해당하고, 떨어진 조각으로 남은 관계적 형상은 (내적)'아담Ⅱ'에 해당한다. 번영을 꿈꾸는 '아담Ⅰ'이 자신의 결함을 감추고 개인의 이익을 추구하며 효용을 극대화하면서 세상을 놀라게 하고 싶어 하는 자아라면, 번성을 소망하는 '아담Ⅱ'는 자신의 결함을 직면하고 공동체의 이익을 추구하며 도덕을 극대화하면서 세

캔터베리 대주교
로완 윌리엄스는 개인의 반대말이
공동체가 아니라 인격이라고 제대로 짚어낸 바 있다.
이 말은 개인들로 이루어진 공동체는
아무리 사회적, 재정적, 물질적 자원을 쏟아 부어도
부정적인 의미로 통용되는 고독의 문제를
풀 수 없다는 경고이다.

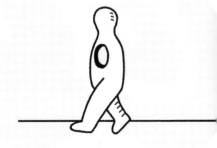

상에 참여하고 싶어 하는 인격일 것이다.[29] 출애굽기에 나오는 바로의 도성(都城)이 '아담Ⅰ'에 몰두하는 문명이라면, 모세에게 약속된 하나님의 도성은 '아담Ⅱ'를 회복하려는 문명이라고 할 수 있다. 그러고 보면 출애굽기는 바로의 도성에서 자기 과잉의 시대 풍조를 따라 '빅 미'(Big Me)를 꿈꾸는 왕자 모세의 외적 아담을 깎아내고, 겸양의 골짜기로 내려가 '리틀 미'(Little Me)를 지향하는 모세의 내적 아담을 형성하시는 하나님의 드라마가 아닐 수 없다.

역사를 돌아보면 번영을 꿈꾸는 '빅 미' 시스템은 언제나 노동 현장에서 인간이 나누어야 할 우정, 친밀함, 사랑, 행복마저 생산력으로 환원해 버린다. 인간을 인격체가 아닌 사물로 축소해 계량적 관계를 맺으면 자신의 인격도 상실하지만, 상대의 인격도 외면하게 된다. '인격과 존재'라는 형식 대신 '사물과 상품' 형식에 사로잡혀 인간을 언제든 대체할 수 있는 생산, 판매, 소비의 도구로 간주하게 된다.[30] 그 속에서 '빅 미'는 대부분 자기 뜻과 의지대로 사는 것에 매력을 느낀다. 자아를 실현하고 자신만의 신념 체계를 만들며, 자신만의 성공 신화로 제국의 브랜드를 창출한다. 가시적인 세상만이 인생의 궁극인 '빅 미'에게서 제국의 존재 이유는 자신의 발전과 성취뿐이다. 자신에 대한 긍정적 믿음을 얻고, 삶의 안전을 확보하며, 자신을 적극적으로 표현하여 높은 자존감을 누리고 잠재력을 극대화하는 통로일 뿐이다. 그 마음 하나로 '빅 미'는 영원히 회귀하는 제국의 페달을 밟는다. 자신을 상대에게 내어 주는 순수한 선물로 규정하는 신적 행동이나 도덕적 사건이 일어날 기반 자체가 없기 때문이다.

캔터베리 대주교 로완 윌리엄스(Rowan Williams)는 개인의 반대말이 공동체가 아니라 인격이라고 제대로 짚어낸 바 있다.[31] 이 말은 개인들로 이루어진 공동체는 아무리 사회적, 재정적, 물질적 자원을 쏟아 부어도 부정적인 의미로 통용되는 고독의 문제를 풀 수 없다는 경고이다. 환언하면 인격들 사이에 빚어지는 공동체가 되어야만 고독의 문제를 풀어 갈 수 있다는 말이다. 본래 개인 혹은 자아는 인간보다 작은 차원에 속하지만, 인격은 인간보다 큰 차원에 해당한다. 개인 혹은 자아는 고립의 거리두기에 따른 홀로 있음이지만, 인격은 관계의 연결하기에 따른 함께 있음이기 때문이다. 자아(self)가 '한 개별자가 자신에 대해 의식하는 능력'의 개념이라면, 인격(person)은 '다른 인격들과 사회적으로 관계할 수 있는 능력'이다.[32] 자아의 개념은 개인적이고 내면적인 경험이나 특성을 나타내는 반면, 인격의 개념은 상대적으로 공공적이고 관계적인 특성을 나타낸다. 따라서 고립된 인간은 자아는 보존할 수

하나님이 계시는데 난 왜 외로울까

있을지 모르나 인격을 보존할 수는 없다. 인격은 공동체 안에서만 빚어지고 발휘되는 인간의 속성이자 능력이기 때문이다. 개별 자아는 공동체 안에서만 인격이 될 수 있고, 인간은 사회적 관계를 통해서만 인격을 갖출 수 있다. 타자의 인격 없이는 자신의 인격이 형성되지 않는 법이라고 말할 수 있는 것이다. 그래서 신학자 블라디미르 로스키(Vladimir Lossky)는 인격이란 사람의 본성을 넘어서 '타자와의 관계 속에 있는 한 적절한 장소를 인정'할 때에야 포착된다고 말한다.[33] 그곳이 어디일까? 번성을 소망하는 두 번째 산일 것이다. 인격이 빚어지는 그 산에서는 외로움이 가까이 다가오지 못한다.

인격의 신비에 대한 가장 심오한 통찰을 찾다 보면 20세기 영국의 위대한 신학자로 추앙받던 토마스 토랜스(Thomas Torrance)를 마주하게 된다. 그는 인격의 신적 기원을 삼위일체 하나님에게서 찾는다.[34] 무슨 말일까? 우리가 명명하고 체험하는 인격(person)이라는 실재의 근원을 깊이 파고 들면 성부, 성자, 성령이라는 세 분의 신적 위격(Person)을 만날 수밖에 없다는 것이다. 투박하게 비유하자면 원조 동판 없이 판화 그림을 찍어 낼 수 없는 이치와 비슷한 것이다. 두 번째 산에 거하는 모든 인격적 존재와 교제의 근원이 성부, 성자, 성령의 세 위격(persona)에서 비롯되었음을 암시하는 성경 구절도 눈에

띈다. "보라 형제가 연합하여 동거함이 어찌 그리 선하고 아름다운고 헐몬의 이슬이 시온의 산들에 내림 같도다".(시 133:1, 3)[35] 말 그대로 성부와 성자와 성령은 자아도 아니고 개체도 아니고 인격이다. 따로 존재하실 수 없고 함께 존재하시는 분들이다. 삼위일체의 위격들은 '서로를 위한 그들의 존재'(their one Being for one another)와 '역동적 친교'로 서로의 안에 존재하며, 서로에게 속하고 서로의 번성 혹은 충만을 위해 살아간다. 삼위일체는 '타자의 번성 혹은 충만을 위한 존재, 사랑하는 존재', 즉 인격이신 하나님의 존재 양식인 것이다.[36]

하나님의 모형(형상)이자 그분의 인격성이 심겨진 존재로시 흙으로 빚은 것이 인간이다. 시인 정현종은 「비스듬히」라는 시에서 인간과 인격의 신비를 이렇게 노래한다. "생명은 그래요. 어디 기대지 않으면 살아갈 수 있나요? 공기에 기대고 서 있는 나무들 좀 보세요."[37] 공기는 생기, 호흡, 숨결이다. 아우구스티누스(St. Augustine of Hippo)는 성령을 아버지와 아들 사이에 사랑의 끈이라 했지만, 시인은 아버지와 아들 사이에 숨결로 존재하는 성령을 노래하는 듯하다. 공기가 있다는 것은 공간이 있다는 말일 것이다. 자기 집 안방 구들목을 내어 주는 인격자는 한껏 기대어도 무방한 존재일 것이다. 하지만 삼위 하나님처럼 서로 비스듬히 기대도록 지어진 사람들은 서

하나님이 계시는데 난 왜 외로울까

로 온전히 기대지 못하고 엉뚱한 것에 기댄다. "우리는 기대는 데가 많은데 기대는 게 맑기도 하고 흐리기도 하니 우리 또한 맑기도 하고 흐리기도 하지요."[38] 내 자아와 네 자아는 서로 기대지 못한다. 그러나 내 인격과 네 인격은 서로 기대고도 남는다. 그렇게 '비스듬히 다른 비스듬히를 받치고 있는 이'를 가리켜 인격자라고 부른다. 토랜스의 말처럼 '살아 있는 인격'(living person)이며 '인격화시키는 인격'(personalizing person)이신 예수 그리스도의 인격과 연합된 신앙 인격으로 그리스도인이 '되어 가는' 사람은 절대자이신 하나님의 신적 인격 앞에 한없이 겸손한 존재가 되고 남을 나보다 낮게 여기는 향기로운 삶을 살아간다.[39] 뉴스를 통해 날마다 끔찍한 사건 사고를 보면서 우리는 인간이 어디까지 추락할 수 있는가, 어디까지 황폐하게 될 수 있는가 자문하며 절망한다. 고립은 인간을 비인격화하고, 외로움은 인간을 비인간화한다. 성경은 우리를 '인격화시키는 인격'이신 그리스도의 인격이 없이는 우리의 비인격성과 비인간성을 해결할 길이 없다는 것을 솔직한 사실주의 문체로 기술한다.

번영만을 꿈꾸는 자아의 씨는 길기만 한 1차원의 풀에 그치지만, 번성을 소망하는 인격의 씨앗은 새들에게 둥지를 넉넉하게 마련해 줄 만큼 넓고 깊고 높은 3차원의 페리코레시스(perichorésis) 나무가 된다. 그래서 소명자의 삶을 보면 오랜

토랜스의 말처럼
'살아 있는 인격'(living person)이며
'인격화시키는 인격'(personalizing person)이신
예수 그리스도의 인격과 연합된 신앙 인격으로
그리스도인이 '되어 가는' 사람은
절대자이신 하나님의 신적 인격 앞에
한없이 겸손한 존재가 되고
남을 나보다 낮게 여기는 향기로운 삶을 살아간다.

'인간을 행복하게 만드는 것은 무엇인가'라는 주제로
하버드 대학교의 70년 연구를 정리한
로버트 월딩거의 결산은 '친밀하고 좋은 인간관계'였다.
이는 행복의 반대편 자리가 외로움임을 입증해 낸 것이다.

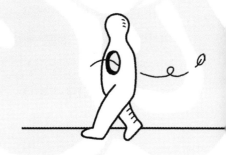

연단을 거쳐 발효된 인격자, 즉 누구도 기댈 수 없는 풀이 아니라 누구나 든든히 기댈 수 있는 나무처럼 되어 간다. 길이와 넓이와 높이를 고루 갖춘 인격자의 풍모는 하나님의 일반 은총으로 적으로 비춰지만, 온전히 환하게 비춰는 것은 하나님의 특별 은총이신 예수 그리스도의 빛을 받을 때가 아닐까 한다. 그렇게 본다면 인격의 부재로 몸살을 앓던 고린도 교회에 보낸 바울의 편지는 이렇게 읽힐 수도 있겠다. "그러므로 우리가 낙심하지 아니하노니 우리의 겉 사람(의 인격)은 낡아지나 우리의 속 사람(의 인격)은 (그리스도의 인격 안에서) 날로 새로워지도다."(고후 4:16)

외로움의 비박[40]에서 고독의 비박으로

신학자 다니엘 밀리오리에는 창조와 타락을 이야기하는 야웨 문서는(창 2-3장) 우리 인간이 하나님으로부터 뿐만 아니라 동료 피조물로부터도 소외된 존재임을 생생하게 묘사하고 있음을 지적한다.[41] 이러한 소외를 누구보다 잘 알았던 틸리히는 죄책으로 인한 외로움이 '숨기거나 회피할 수 없는' 것이라 규정한다. 외적 번영을 열망하는 첫 번째 산에서 우리가 그 분이 지으신 만물을 향해, 해서는 안 될 일을 저지르고 나면, 나만의 것으로 느껴지는 죄책의 애가가 숨겨짐과 드러남의 이중주로 들려올 것이다. 틸리히는 이렇게 토로한다. "우리는 자신의 죄책에서 도망칠 수 없고 그것을 정당한 방식으로 덮어버리릴 수도 없습니다. 우리는 그것과 더불어 혼자입니다. 또 그것은 모든 다른 형태의 외로움 속으로 스며들어 그것들을 심판의 경험으로 만드는 외로움입니다."[42] 하지만 이 외로움은 우리가 스올에 자리를 펼지라도 거기 계시고, 새벽 날개 치며 바다 끝에 가서 거주할지라도 거기 계시면서, 한순간도 우리를 놓아주지 않으시는 분 때문에 떨쳐내지 못하는 외로움이기도 하다.(시 139:8-10) '인간을 행복하게 만드는 것은 무엇인가'라는 주제로 하버드 대학교의 70년 연구를 정리한 로버트 월딩거(Robert Waldinger)의 결산은 '친밀하고 좋은 인간관계'였다.[43] 이는 행복의 반대편 자리가 외로움임을 입증해 낸 것이다.

하지만 우리들은 첫 번째 산에서 정보화가 진행되고 평균 수명이 늘어날수록 행복감이 아니라 고독감을 호소하는 사람이 급증하는 것을 보고 있다. 급기야 영국 정부는 2018년도에 고독부(Ministry for Loneliness)를 신설하기에 이르렀다. 이것은 외로움을 국가가 직접 나서서 대처해야 할 정도로 심각한 사회 문제가 되었다는 것을 뜻한다. 외로움은 고령자의 전유물이라고 여기던 시절도 있었지만, 깊은 고독한 감정이 널리 퍼져서 이제는 세대를 가리지 않고 일곱 명 중 한 명이 만성적인 외로움을 느끼고 있다. 가장 큰 충격을 준 대목은 이러한 만성 외로움이 하루에 담배 열다섯 개비를 피우는 것과 같은 의학적 손상을 신체에 가한다는 것이다. 1인 가구가 늘어나는 도시에서 고립을 측정하는 지표인 타인과의 대화 빈도, 의지할 사람 유무, 자신이 돕는 상대 유무, 사회 활동에 대한 참여 상황 등을 측정했더니 마치 하류로 떠내려가는 강물처럼 하향 곡선을 그렸다.[44] "내 형제들은 개울과 같이 변덕스럽고 그들은 개울의 물살같이 지나가누나".(욥 6:15) 고독사가 급증하는 일본도 마찬가지 결정을 내렸다. 멀지 않아 고독부 설치는 전 세계적 추세가 될 전망이다.

고독부의 정확한 우리말 번역은 '외로움부'가 아닐까 생각한다. 사람들은 고독(solitude)과 외로움(loneliness)을 혼용해서 사용하지만, 틸리히는 둘이 엄연히 다르다고 구분한다. 그는 모든 인간은 인간이라는 이유로 혼자라고 말한다.[45] 모든 피조물은 숭고한 고립 가운데 타자와 거리두기를 하는 자기 제한성을 존재의 필연적 구성 요소로 지니고 있기 때문이라는 것이다. 사람만 혼자가 아니라 별들도 혼자다. 광막한 우주에서 한없는 어둠과 숭고한 고립 가운데 홀로 떠 있다. 살아 있다는 것은 다른 개체와 분리된 하나의 개체 안에 존재한다는 것이니, 살아 있다는 것은 필연적으로 혼자일 수밖에 없는 것이다. 그는 이렇게 말한다. "유한성의 구조 자체는 선하다. 하지만 소외의 조건에서 유한성의 구조는 파괴의 구조가 된다. 본질적 유한성에서 혼자 있음은 인간의 완전한 중심의 표현이며, 고독(solitude)이라 불릴 수 있을 것이다. 그것은 타자와 관계 맺기 위한 조건이다. 오직 고독할 수 있는 자만이 교제할 수 있다. 인간은 고독 속에서 궁극적인 것의 차원, 혼자 있는 자들끼리 교제할 수 있는 참된 기초를 경험하기 때문이다."[46]

이처럼 '홀로 있음'(aloneness)은 인간의 본질이자 현실이다. 이러한 '홀로 있음'은 고통스러운 '외로움'으로 하강할 수도 있지만 위대한 '고독'으로 상승할 수도 있다.[47] 영국과 일본 정부가 고독부를 신설한 것은 '외로움으로 하강하는 홀로 있음' 때문이지, '위대한 고독으로 상승하는 홀로 있음' 때문은 아닐 것이다. 예수님은 배고픈 5천 명의 무리를 먹이신 기적 후에 그들과 어울리지 않으셨다. 마태는 그날 저녁 예수님의 행적에 대해 "무리를 보내신 후에 기도하러 따로 산에 올라가시니라. 저물매 거기 혼자 계시더니"(마 14:23)라고 기록하고 있다. 예수님은 외로움을 이겨내기 위해 섣부른 어울림을 취하지 않고 오히려 고독을 선택하셨다. 틸리히는 고독을 견딜 수 있는 사람만이 외로움을 이겨낼 수 있다고 보았다. 산 정상에 오르기 전 밤을 지새우는 비박은 그 정상이 두 번째 산이라면 외로움의 비박일 수 없다. 고독의 비박일 것이다. "우리는

하나님이 계시는데 난 왜 외로울까

우리가 인간이라는 사실 때문에 고독에 대한 생래적 갈망을 갖고 있습니다. (중략) 고독은 우리가 시를 읽고, 음악을 듣고, 그림을 감상하고 진지하게 생각하는 행위 속에서도 발견될 수 있습니다. 그럴 때 우리는 군중 가운데서 혼자일지 모르나 외롭지는 않습니다. (중략) 영원한 현존이신 주님과 독대하는 시간이라면 고독은 홀로 있을지라도 외롭지 않은 경험일 것입니다. 그러니 담대하게 고독을 추구"하는 것은 어떤가.[48] "내가 기뻐하는 자의 모임 가운데 앉지 아니하며 즐거워하지도 아니하고 주의 손에 붙들려 홀로 앉았사오니".(렘 15:17)

이러한 상황이므로 첫 번째 산의 세속 정부가 아무리 노력한들, 그저 번영을 열망하는 개인으로 존재하는 사람들이 자주 모인다고 한들, 외로움의 문제가 근본적으로 해결될 수 있을지 솔직히 필자는 회의적이다. 오히려 두 번째 산의 교회 공동체가 번성과 충만을 지향하는 인격적 만남의 자리가 되어갈 때, 그리스도인들은 주중에 홀로 있는 고독의 날이든, 주일에 함께 있는 교제의 날이든, 언제라도 외로움의 날들은 아니므로 '외로움이라는 전염병'을 근원적으로 차단하는 백신으로 공인될 수 있지 않을까 전망해 본다. 그래서인지 틸리히는 "(첫 번째 산에서의 어설픈 - 필자 주) 여러 시간의 대화보다 (두 번째 산에서의 - 필자 주) 한 시간의 고독이 훨씬 더 우리를 사랑하는

우리는 군중 가운데서 혼자일지 모르나
외롭지는 않습니다.
영원한 현존이신 주님과 독대하는 시간이라면
고독은 홀로 있을지라도 외롭지 않은 경험일 것입니다.

정말 혼자구나 싶을 때가
여러 모양으로 찾아오게 되어 있다.
그중에서도 첫 번째는 끼니를 혼자 때우는 것이
아닐까 싶다.

이들과 가까워지게 해줄 수 있다"고 또한 "우리와 함께 그들을 영원의 산으로 데려갈 수 있다"고 역설한다.

혼밥의 정상에서 성찬의 정상으로

인간은 홀로 있음의 존재이지만 그래도 살다 보면 아! 정말 혼자구나 싶을 때가 여러 모양으로 찾아오게 되어 있다. 그중에서도 첫 번째는 끼니를 혼자 때우는 것이 아닐까 싶다. 1인 도시락 판매량이 증가하는 것도 '혼밥'을 하는 사람이 늘고 있다는 사실을 말하고 있다. 경제학자 노리나 허츠(Noreena Hertz)는 '혼밥'이 늘고 있는 가운데, 이제는 세계적 신조어로 자리를 굳힌 '먹방'(mukbang)의 폭발적 증가세를 보이는 기현상에 주목한다. 이것은 혼자 사는 사람이, 하루 중 고립감과 외로움을 가장 절실하게 느낀다는 식사 시간에, 다른 사람이 어마어마한 양의 음식을 먹는 화면에 몰입하며 혼밥의 외로움을 달래면서 나타나는 현상이다. 팬데믹으로 교회가 온라인 성찬이 가능한지 온갖 논쟁이 쏟아지기 한참 전부터 「고립의 시대」를 견뎌 내던 세속에서는 이미 먹방을 일종의 애찬 삼아 자신이 좋아하는 유튜버에게 고맙다고 별풍선을 선물하며 지내고 있었다.[49] 왜 이러고들 사는가 물었다가도 사람은 어쩔 수 없이 혼자 먹기보다는 함께 먹고 싶어 하는 존재이기 때문이 아닐까 자답해 본다. 이어령 선생은 한국인이 유독 다른 사람 말을 '씹고', 축구에서 골도 '먹고', 사업도 '말아먹고', 서로 감동 '먹었다'고 연발하는 까닭은 늘 고픈 영혼에서 비롯된 종교적 심성에 있다고 진단한다.[50] 문제는 스마트폰 세대가 서로의 헌신이 필요한 현실 우정은 부담스러워하면서도 별풍선을 선물하며 손쉽게 누리는 '메타' 우정을 일종의 대안으로 삼고 만족하는 정서에 물들어 간다는 것이다. 종래에는 모락모락 피어나는 김을 호호 불며 호빵을 나누어 먹던 어린 시절 추억은 간 곳 없고, 그저 스크린에 덩그러니 떡만 남는 건 아닌가 하는 불안이 엄습해 온다.

성경은 날마다 삼시세끼를 먹고 사는 사람에게 세 종류의 인생이 있다고 말하고, 그에 따른 세 가지 양식을 구분한다. 첫 번째 양식은 애굽에서 먹던 아담의 양식, 육의 양식, 구약학자 월터 브루그만(Walter Brueggemann)의 말을 빌리면 '눈물의 빵'이다. 죄의 노예가 된 인간으로 인해 저주를 받은 땅에서 종신토록 수고하여야 그 소산을 먹을 수 있는 양식이다. 아무리 땀과 눈물을 흘렸어도 가시덤불과 엉겅퀴를 내며 겨우 자라는 밭의 채소이다. 이 눈물 젖은 빵을 괴테는 알았다. "눈물과 함께 빵을 먹어 본 적이 없는 사람은, 괴로움으로 밤마다 침대 머리에 앉아 흐느껴 본 적이 없는 사람은, 당신들은 모를 것이요 하늘의 힘을."[51] 이 빵은 먹어도 먹어도 외로운 그런 빵일 것이다. 두 번째 양식은 애굽의 가시덤불과 엉겅퀴와 얽이지 않은 하늘의 빵이다. 광야의 식탁에서 이스라엘 백성이 먹었던 누룩이 없어 작고 두께가 얇은 '만나'와 5천 명이 넘는 무리가 먹었던 '보리떡'이다. 브루그만의 말처럼, 이 빵은 기존의 어떤 범주에도 들지 않는 '이상한 빵'이다.[52] 쌓아둘 수도 없는 빵, 남겨둘 수도 없는 빵, 모자라지도 않는 빵, 평범하기 짝이 없는 빵, 하지만 밤새도록 굽지 않아도 되는 빵, 마침내 모두가 배불리 먹을 수 있는 후한 빵이었다. 그렇지만 이 빵은 어떻게 먹느냐에 따라 외로울 수도 있는 빵일 것이다. 세 번째 양식은 '영원한 생명을 주는 양식'으로, '영적 연회'에서 베풀어지는 그리스도의 빵이다. 하늘 아버지는 영혼의 유일한 양식이신 그리스도의 몸을 실제로 또한 진실로 자녀들에게 주신다. 따라서 성찬의 빵과 포도주는 그리스도와 신자들, 그리고 신자들 간에 일치와 나눔을 연속적으로 반영하는 영적 표지(sign)이다. 성 아우구스티누스의 말처럼, 곡식의 수많은 알갱이가 구별할 수 없을 만큼 섞여 한 덩어리 빵이 되듯이, 신자들은 예수 그리스도와의 연합을 매개로 서로 일치되고 결합한다.[53] 성찬의 빵과 포도주에는 놀랍게도 그리스도뿐 아니라 우리도 더불어 포함되는 신비가 담겨 있다. 종교개혁가 칼뱅(Jean Calvin)의 말처럼, "그리스도는 모든 사람에게 자신을 나눠 주시며, 그 안에서 우리를 하나로 만들어 주시는"

성찬의 빵과 포도주에는
놀랍게도 그리스도뿐 아니라
우리도 더불어 포함되는 신비가 담겨 있다.
종교개혁가 칼뱅의 말처럼,
"그리스도는 모든 사람에게
자신을 나눠 주시며, 그 안에서 우리를
하나로 만들어 주시는" 분이기 때문이다.

분이기 때문이다. 신자들의 영혼을 위한 공동 양식이 되어 주신 그리스도 안에서, 그들은 성찬이라는 공동 식사를 통해 하나가 되고, 죄로 붕괴했던 '최초의 인간다운 교제와 친교의 맛'을 회복하기 시작한다. 그래서 이 빵은 결코 외로울 수 없는 빵이다. 빵을 통해 나는 너를 만나고 너는 나를 만나고 우리는 그분을 만나기 때문이다. 성경을 보면 구약의 언약 식탁과 신약의 언약 식탁은 서로 길게 이어진 하나의 식탁일 뿐만 아니라, 모든 자리에 유월절 어린양이라는 똑같은 양식이 놓여 있다. 언약의 식탁은 외로움이라는 누룩이 더 이상 없는 '교제의 빵'을 먹으며 공동의 번성을 위한 새 피조물로 살도록 초대받은 자리이다.

외로운 사람들이 모여 '교제의 빵'을 함께 먹는 장면을 아름답게 그려낸 작품으로 이자크 디네센(Isak Dinesen)의 단편『바베트의 만찬』이 떠오른다.[54] 프랑스의 가난한 여인 바베트는 요리에 일가견이 있었지만, 혁명의 회오리 가운데 가족을 잃고 외로운 도망자 신세가 되었다. 그녀는 노르웨이의 어느 작은 마을에 당도한다. 그 마을엔 모두가 존경하던 목사님이 계셨지만, 그가 세상을 떠나자 교인들은 줄어 가고 그나마 남은 신도들은 서로 다투며 소원해졌다. 외로움이라는 전염병이 그 마을을 휩쓸고 있었다. 바베트는 돌아가신 목사님의 가난한 두 딸의 환대로 그곳에 정착한다. 그 후 12년이란 짧지 않은 날들이 지났지만, 마을 사람들의 불화는 여전히 해결되지 않았다. 별일이 아닌 것을 가지고도 크게 생각하고 분노하기도 했다. 목사님 생전에는 이런 일이 없었다. 두 딸은 이런 일을 지혜롭게 잘 해결하시던 아버지를 그리워하며 돌아가신 목사님의 100세 생일날에 동네 사람을 모아 놓고 만찬을 베풀기로 마음 먹는다. 그러나 돈이 문제였다. 그런 와중에 가난한 하녀 바베트는 프랑스에서 만 프랑 복권이 당첨되었다는 소식을 듣게 된다. 자매는 그녀가 이제 부자가 되었으니 마을을 떠날 것이라 생각한다. 하지만 바베트는 자신이 그 만찬을 준비하게 해달라고 자매에게 간곡히 청한다. 서로 말도 섞지 않던 사람들이 모이고 만찬이 시작되었다. 예상 밖으로 마을 사람들은 바베트가 정성껏 준비한 음식을 먹으면서 놀라워하고, 흥겨워하며, 마음을 터놓고 이야기를 나누기 시작한다. 원망을 내려놓고 분노가 사그라지면서 화해하는 마음이 피어오른다. 바베트는 하룻밤 만찬을 위해 당첨금 전액을 써서 프랑스 최고급 식자재로 최고급 요리를 준비했고, 교회 식구들은 그녀의 빵을 먹으면서 그들이 갖고 있던 분노가 얼마나 하찮은 것인지 비로소 깨닫게 된다. 서로에게 욕만 하던 두 노파는 앙숙이 되기 이전의 소녀 시절로 돌아가 그때 이야기를 나누기 시작한다. 삶의 무상함을 느끼며 죽는 날까지 자기 진심을 털어놓지 못할 것이라 체념했던 한 외로운 늙은 군인은 고백한다. "우리는 인생의 중대한 선택을 할 때 떨고, 선택을 하고 나서도 잘못한 것이 아닐까 두려워 다시 한번 떱니다. 하지만 우리의 눈이 번쩍 뜨이는 순간이 있습니다. 은총이 무한하다는 것을 깨닫는 순간입니다. 은총은 조건을 달거나 어느 누구를 특별히 선택하지도 않습니다. 우리는 우리가 선택한 것을 얻었고, 우리가 거부한 것까지도 우리에게 왔습니다. 우리가 거부한 것이 오히려 우리에게 풍요롭게 쏟아졌습니다."[55] 누가복음 15장에서 아버지를 거부하고 떠났던, 이제는 돼지나 먹는 쥐엄나무 열매도 없어 혼밥도 못하던 외로운 둘째 아들에게 쏟아졌던 건 무엇일까? 바베트의 만찬처럼 제일 좋은 옷, 가락지, 신발, 그리고 살진 송아지였다. 그것은 자식이 돌아오길 기다리고 또 기다리던 (그래서 고독했던) 아버지의 마음이다. 그래서 그 누구보다 아버지가 가장 배부른 빵이다.

나가는 말: 홀로 있는 날과 함께 있는 날

디트리히 본회퍼(Dietrich Bonhoeffer) 목사는 그리스도인이 신체적으로 다른 그리스도인들과 함께 모일 수 있다는 것이 결코 당연한 일이 아니라고 했다. 교회의 머리가 되시는 주님께서 늘 원수들 가운데 지내셨으니 그리스도인들도 주님을 따라 세상 속에서 원수들 한가운데서 사는 것이 당연하다는 것이다. 그냥 혼자도 아니고 원수들 한가운데서 혼자니 얼마나 고독할까? 그러므로 그리스도인이 그리스도인들 가운데 살 수 있다는 것, 그것은 완성된 하나님 나라에서나 누릴 수 있는 영적 호사를 미리 맛보는 은혜가 아닐 수 없다. 우리는 서로의 번영을 열망하는 인간끼리 만나는 것이 아니라, 서로 안에 계신 우리의 번성을 마련하신 그리스도를 먼저 신적으로 만나는 것이다. 그러고 나서 그리스도를 통해 서로를 형제자매로 만난다. 하지만 본회퍼가 솔직하게 고백했듯이, 서로가 없다면 그리스도를 만날 길도 요원하다. 내 안에 그리스도가 계시다고 혼자 막연히 사색하는 것보다, 내 앞에 있는 형제가 내 안에 계신 그리스도를 발견하고 말로 고백하는 것이 훨씬 더 강력하기 때문이다.[56]

틸리히의 말처럼, "때로 하나님은 우리를 사람들로부터 분리시키시고, 우리가 바라지 않음에도 우리를 붙들고 있는 고독 속으로 밀어 넣으시는 분"이시다. 아브라함의 하나님, 이삭의 하나님, 야곱의 하나님은 당신의 사랑하는 자녀들에게 '함께하는 날'만 은혜로 베푸시는 것이 아니라, '홀로 있는 날'도 선물로 주신다. 고독이 없이는 제기할 수 없는 진실과 자유와

하나님이 계시는데 난 왜 외로울까

창조와 사랑의 문제가 따로 있기 때문이다. 광야에서 사십 일 동안 홀로 지내신 주님께도 고독은 만만치 않은 일이었다. 하지만 고독이 영원한 현존이 되시는 하나님 손에 붙들리는 시간이 된다면, '홀로 있을지라도 외롭지 않은 경험'이 될 것이다. 첫 번째 산의 개인주의와 소비주의에서 속에서 외로운 군중으로 사는 데 만족하지 않고, 물리적 고립과 단절 속에서도 두 번째 산에서 주님의 말씀 가운데 '홀로 있을 수 있는 사람'만이 다시 교회를 통해 외로움이라는 전염병을 퇴치할 수 있을 것이다.

그동안 홀로 있던 날이 적지 않았고, 함께했던 날이 그립기만 하다.[57] 코로나는 지나갔어도 외로움이라는 전염병은 떠날 줄 모른다. 어쩌면 하나님은 한국교회가 그 분의 삼위일체적 사랑에 참여하고 그것을 반영할 수 있는 공동체로 탈바꿈할 기회로서 이렇게 '홀로 있음'(alonenss)의 날들을 자꾸만 두시는지도 모르겠다. 코로나 이전에 한국교회는 소비주의, 개인주의, 기복주의, 번영(prosperity)의 신앙에 물들어 꽃길만 걷고 싶어 하였다. 그래서 첫 번째 산을 떠나지 못한 탓에 겉으로 다 드러나진 않았어도 사실 외로운 사람들의 공동체가 아니었을까 반성해 본다. 이제 한국교회는 번성(flourishing)의 신앙을 회복하고 약함, 착함, 주변성을 선택하는 두 번째 산 위의

틸리히의 말처럼,
"때로 하나님은 우리를 사람들로부터 분리시키시고,
우리가 바라지 않음에도 우리를 붙들고 있는
고독 속으로 밀어 넣으시는 분"이시다.

이제 한국교회는
번성(flourishing)의 신앙을 회복하고
약함, 착함, 주변성을 선택하는
두 번째 산 위의 교회가 되기 위해
그리스도인들에게 독대의 시간과 환대의 시간을
골고루 섭취하는 것이 필요해 보인다.

교회가 되기 위해 그리스도인들에게 (책과 음악과 기도의 식탁으로 어우러지는) 독대의 시간과 환대의 시간을 골고루 섭취하는 것이 필요해 보인다.

코로나가 끝나서 다시 모인다 해도 예전처럼 번영을 열망하는 너와 내가 만나는 '정신적 공동체'가 된다면 차라리 모이지 않고 흩어지는 편이 나을지도 모른다. 코로나 방학을 마치고 다시 등교했지만, 핵개인 시대의 외로움이라는 복병을 마주하는 한국교회는 그리스도 안에 있는 내가, 그리스도 안에 있는 너를, 그리스도 안에서 만나는 '영적 공동체'로 거듭나야 하지 않을까. 이제는 눈으로 사랑을 그리는 예배나, 입술로 사랑을 말하는, 첫 번째 산의 외로움만 남기는 교제는 멈추어야 한다. 지난날 정겹게 부르던 찬양처럼, '가난함도 부요함도 괴로움도 즐거움도 주님과 함께 나누는' 참사랑의 교제, '나의 가장 귀한 것, 그것을 주는' 두 번째 산에서의 만남을 시작해야 할 것이다. "친밀한 공동체로서의 교회의 모델이 인간의 실질적인 욕구를 다룬다는 점에서는 의심할 여지가 없다. 현대 사회의 많은 사람은 극도로 고독하고, 다툼으로 인해 상처를 입은 자들이다. 그들은 스스로 편안하게 느낄 수 있는 안전한 도피처와 공동체를 추구한다. 어떤 이들은 비인간화되고 무관심한 사회질서 속에서의 생존 과정에서 신체적·영적으로 상처를 입고 영적인 치유와 삶의 새로운 의미를 향해 부르짖고 있다. 이런 현실적 요구 속에서 친밀한 공동체로서 교회는 기도와 묵상과 영성 훈련과 개인적 경험의 교환을 강조하면서, 제도주의적 교회 모델보다는 공동체의 삶에 대해 더 인격적이고 평등주의적인 경험을 배양한다."(다니엘 밀리오리)[58]

나눔 질문

❶ 하나님과의 깊은 유대감을 유지하기 위해 실천하고 있는 신앙적 습관이 있나요? 예를 들어, 매일 기도 시간이나 성경 묵상 혹은 독서와 순례를 통해 하나님의 뜻을 찾고 계신지요? 이러한 실천들이 어떻게 영적 성장과 외로움 극복에 도움이 되었는지 함께 나누어 봅시다.

❷ 가정과 교회, 학교와 지역사회, 다양한 NGO 등에서 어떤 섬김을 하고 계신가요? 이타적인 봉사가 사람들과의 연결을 어떻게 돕고, 신앙 공동체 내 소통과 유대감 형성에 어떤 영향을 미쳤는지 이야기해 주세요. 다양한 사람들과의 교제를 통해 외로움을 극복한 경험이 있다면 함께 나누어 봅시다.

❸ 자신의 인생 목적과 하나님께서 주신 소명을 어떻게 이해하고 있나요? 소명감이 교회와 일터에서 크리스천들과의 유대감 형성 및 외로움 극복에 어떤 역할을 했는지 나눠봅시다. 공동체 안에서 소명을 실천하며 하나님과 더욱 가까워진 경험이 있다면 나누어 주세요.

외로운 그리스도인

온세대 교회에서 길을 찾다

신현호 교수

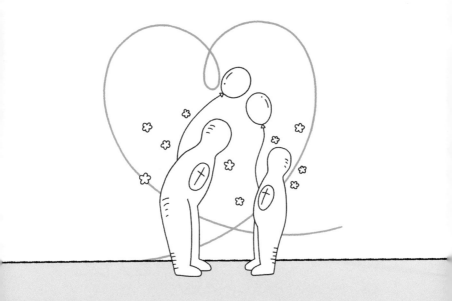

인간은 사회적인(social) 존재라고 말한다.
많은 학자들은 이러한 사회적 인간이 관계성을
상실하게 될 때 외로움을 느끼게 된다고 말한다.

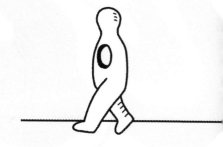

외로운 사회, 외로운 그리스도인

현대 그리스도인들의 적지 않은 수가 외로움을 경험한다. 이 외로움은 교회 안과 밖에서 경험되며, 그 원인은 사회문화적, 경제적, 영적 이유 등 매우 다양하기 때문에 한두 가지 현상과 원인 분석만으로는 해결 방안을 찾기가 결코 쉽지 않다. 한국 그리스도인의 경우 외로움을 느끼는 가장 중요한 요인 중 하나가 경제적 어려움이라는 연구 조사도 있다.[1] 하지만 외로움의 요인을 찾는 것도 물론 중요하지만 그보다 더 중요한 것은 이 외로움이 오늘을 살아가고 있는 그리스도인 공동체의 정체성과 소명에 어떤 영향을 미치는가를 살피는 일이다.

외로움은 무엇인가? 외로움을 느끼는 이유는 무엇인가? 왜 그리스도인들도 세상 사람들과 똑같이 외로움을 느끼는 것일까? 교회 안에서 외로움을 느끼는 까닭은 현재 교회 공동체가 어떠한 상황임을 의미하는 것일까?

흔히 인간은 사회적인(social) 존재라고 말한다. 많은 학자는 이러한 사회적 인간이 관계성을 상실하게 될 때 외로움을 느끼게 된다고 말한다. '사회적'이란 무엇을 의미하는가? 단순히 사람들과 통성명을 하고 그 사람에 대한 기본적인 정보를 공유하는 것을 넘어, 의미 있는 관계망 안에서 자신의 존재 이유를 발견하려 애쓰는 인간을 '사회적 인간'이라 한다. 같은 맥락에서, '반사회적 인간'은 관계를 의도적으로 거부하거나 자신을 사회 속에서 개별화하는 인간을 의미한다고 볼 수 있다. 한 걸음 더 나아가, 외형적으로는 관계를 맺고 있는 것처럼 보이나, 의미 있는 관계를 거부한 채, 자신도 모르게 점차 부속품과 같은 존재로 전락하는 모습을 의미한다. 단지 기능을 수행하는 부속과 같은 삶, 그것이 외로움의 근원이 아닐까.

인류학자 이현정은 '외로움'이라고 부르는 감정은 한 가지 모양이 아니며, 사람들이 각자 겪고 있는 외로움은 그 사람의 수만큼이나 다양한 모양과 색깔을 띤다고 이야기한다.[2] 그리고 다른 사람과의 관계로부터 물리적으로 멀어져 혼자 있는 상태의 고립(isolation)이나 주변 상황에 의해 혹은 자발적으로 홀로 있는 존재 상태인 고독(solitude)과는 달리 외로움은 내가 원하지 않는 방식으로 혼자가 되었다고 느끼는 당사자의 감정을 의미한다고 말한다.[3]

외로움은 개인적인 감정에 그치지 않고 사람들이 모인 곳에서도 느낄 수 있을 뿐만 아니라, 사회적인 문제로 확대되거나 한 공동체 혹은 조직에 강력한 영향을 미치기도 한다. 이와 같이 외로움이 개인적인 문제를 넘어 사회적, 관계적 부재

하나님이 계시는데 난 왜 외로울까

와 단절 문제로 여겨지고 있는데, 더욱 안타까운 사실은 많은 그리스도인들조차 교회 공동체 안에서도 외로움을 경험하고 있다는 사실이다. 교회가 사람들의 외로움을 해결하기 위한 목적으로 모인 공동체는 아니지만, 교회 안에서 공동체 일원들이 외로움을 느낀다는 것은 진지하게 고민해 보아야 하는 현상이다.

목회데이터연구소가 그리스도인의 외로움에 대해 설문조사한 내용을 살펴보면, 교회 출석하는 성도 중 교회 안에서 외로움을 느낀다고 답한 사람이 36%에 이르렀다.[4] 이 통계에 의하면 교회에 출석하는 교인 3명 중 1명이 외로운 셈이다. 이것은 많은 그리스도인이 교회에 속한 것처럼 보이지만, 그 속에서 '길을 잃은 듯한' 감정을 느끼며 신앙생활을 하고 있음을 보여준다.

그렇다면 교회에서조차 그리스도인이 외로움을 느끼는 이유는 과연 무엇인가? 교회는 친교(koinonia) 공동체인데 왜 외로움을 느끼는가? 그 이유는 여러 가지로 생각해 볼 수 있다.

교회공동체에서 느끼는 외로움은 그리스도 안에서 진정한 친교의 부재, 교회 공동체에 대한 소속감의 약화, 동질 그룹 간의 끼리끼리 문화, 세상 속에서 느끼는 외로움을 치유해 주는 영적 격려 제공의 부재 등을 꼽을 수 있다. 그리고 여기에

그리스도인이 교회 공동체에서
경험하고 있는 외로움과 단절감은
그냥 지나칠 현상이 결코 아니다.

교회 공동체는 외로움과 소외로 인해
영적, 관계적 아픔을 경험하고 있는 이들이
회복되도록 힘써야 한다.
하지만 이들의 아픔은 결코 개인의 문제가 아닌,
교회 공동체의 문제이자 아픔이다.

두 가지 중요한 이유를 더한다면, 그것은 세대 간 관계와 소통의 단절, 그리고 교회 공동체에 대한 건강하고 대안적인 이미지의 부재를 들 수 있다.

특별히 마지막에 언급한 이 두 가지 현상은 그동안 교회에서 주목하지 않았으나 외로운 그리스도인들을 포함한 교회 공동체의 사역과 정체성을 새롭게 하는 데 있어 교회가 성찰하며 깊이 고민해야 할 부분이다. 왜냐하면 교회 안의 외로움이 자발적인 영성 훈련으로서 고독(soli-tude)의 실천이 아닌 비자발적인 외로움(loneliness)에서 기인된 것이라면 이것은 교회 공동체에게 있어서 결코 바람직한 현상이 아니기 때문이다. 이 외로움의 수위는 성도 사이에서 느끼는 한 사람의 고독이나 고립의 감정을 넘어서서, 교회 공동체의 교회 됨이 얼마나 건강한지를 나타내주는 지표와 같은 것이다.

그리스도인이 교회 공동체에서 경험하고 있는 외로움과 단절감은 그냥 지나칠 현상이 절대 아니다. 이들의 아픔은 결코 개인의 문제가 아닌, 교회 공동체의 문제이자 아픔이다. 교회 공동체는 외로움과 소외로 인해 영적, 관계적 아픔을 경험하고 있는 이들이 회복되도록 힘써야 한다. 이 외로움은 방치될수록 교회 전체의 단절과 소외로 확대되어 어려움을 겪게 할 것이다. 교회 안의 단절은 한 개인의 감정을 넘어서서 성도와 성도, 세대와 세대 사이의 관계를 취약하게 하며, 나아가 하나님의 집으로서의 정체성 또한 위협할 수 있다. 이러한 교회 안에서 발견하는 외로움과 소외는 하나님이 원하시는 진정한 교회다움을 회복하는 것에서 출발해야 한다.

외로운 그리스도인과 다세대 교회

교회 안에서 발견되는 외로운 그리스도인의 경험은 오늘날 변화하는 교회의 모습과 형태와 무관하지 않다. 대한민국이 경제협력개발기구(OECD) 기준으로 저출생 국가에 진입한 것은 무려 40년 전인 1984년이며, 초저출생 국가로 접어든 것도 지금으로부터 23년 전인 2001년이다. 세속화와 기독교인의 감소가 초저출생 현상과 결합하면서 수도권, 비수도권 할 것 없이 소위 '눈 떠보니 세대 통합'을 해야 하는 교회가 계속해서 증가하고 있다. 1970년대와 1980년대에 교회학교 부흥기를 경험했던 것과는 달리 지금은 어린이와 청소년 재적수가 급감하거나 아예 교회학교가 사라지는 것을 목도하고 있다. 이 현상은 청년부서와 3040세대 부서도 예외가 아니다. 그러다 보니 의도하지는 않았지만, 다양한 세대가 함께 예배를 드리고, 함께 모이는 기회가 늘어나고 있다.

하지만 다양한 세대가 함께 모여 있다고 해서 이를 진정한 의미의 온세대 교회라고 보기는 어렵다. 성령 안에서 참된 친교가 이루어지고, 세대와 세대가 서로를 돌보고 복음으로 소통하는 온세대 교회이기보다는 다세대 교회(multigenerational)의 모습을 띠고 있는 경우가 많다. 다세대 교회란, 다양한 세대가 교회에 속해 있지만 한 성령 안에서 진정한 친교, 돌봄, 봉사, 가르침을 공유하지 못하는 것을 의미한다. 마치 아파트 혹은 빌라와 같은 현대의 집단 주거시설에서 이웃과 서로 소통하지 않고 각자의 생활 공간에 기거하는 모습이 교회 안에서도 나타나는 것과 같다. 부서, 나이, 지역으로 나뉘어 있으면서 친교와 상호 돌봄이 제한적으로 나타나는 교회는 다세대 교회이다.

고린도전서를 살펴보면, 이러한 다세대 교회 현상이 나타난다. 당시 고린도 교회는 출신과 신앙생활의 방식, 은사에 따라 여러 갈래로 분열되고 단절되어 있었다. 이 가운데 우리는 다세대 교회 현상의 단면인 단절, 배려 없음, 그리고 그 이면에 공동체 일원이 느꼈을 소외와 외로움을 발견하게 된다.

이것이 상징적으로 나타나는 상황이 고린도전서 11장에 나타나는 공동 식사에 대한 권면에서이다.(고전 11:17-34) 바울은 일상생활 가운데 가장 친숙한 삶의 자리인 식탁의 자리에서 분열과 소외가 적나라하게 드러남을 지적한다.

다세대 교회란,
다양한 세대가 교회에 속해 있지만
한 성령 안에서 진정한 친교, 돌봄, 봉사, 가르침을
공유하지 못하는 것을 의미한다.

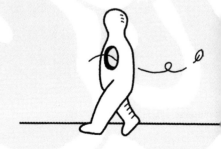

"첫째로 여러분이 교회에 모일 때에 여러분 가운데 분열이 있다는 말이 들리는데 여러분이 분열되어 있으니, 여러분이 한 자리에 모여서 먹어도, 그것은 주님의 만찬을 먹는 것이 아닙니다."(고전 11:18, 20, 새번역)

이 식탁의 자리는 그리스도인 공동체가 함께 모여 식사하는 자리였지만, 그 가운데 부유함과 가난함(22절), 건강함과 병약함(30절), 조급함과 소외됨(33절) 등이 공존하지만 서로의 상황을 받아들이고자 하는 노력의 부재가 여실히 드러났다. 이러한 상황 가운데 일부 그리스도인들이 경험하고 있는 소외감과 외로움을 떠올리는 것은 그다지 어려운 일이 아니다. 이것은 고린도 성도들이 교회로 모였지만 그리스도 안에서 참된 공동체로 아직 거듭나지 못했음을 보여준다. 이러한 다세대 교회 현상이 나타나는 이유는 사람들이 교회라는 이름으로 모였지만, 신앙과 세대 차이, 경제적인 여건, 개인의 영적·신체적·정서적 결핍 등을 뛰어 넘도록 도우시는 성령 안에 온전히 거하지 못했기 때문이다.

"너희는 너희가 하나님의 성전인 것과 하나님의 성령이 너희 안에 계시는 것을 알지 못하느냐."(고전 3:16)

하나님께서는 교회 공동체가 공동체 안에서 소외되고 외로운 지체를 품어 안으며, 나아가 신앙 공동체의 정체성과 소명을 발견할 것을 말씀을 통해 요청하신다.

하나님 나라 가족공동체로서 온세대 교회

온세대 교회란 무엇인가? 어떻게 온세대 교회는 외로운 그리스도인이 길을 찾도록 도울 수 있는가? 먼저, 온세대 교회란 성령 안에서 예수 그리스도의 한 몸 공동체의 정체성을 함께 공유하며 세대와 세대가 함께 어우러져 환대와 사랑, 상호 돌봄과 신앙적 지혜를 나눔으로써 하나님 나라를 위해 협업하는 하나님 나라 가족공동체를 뜻한다. 홀리 엘런(Holly C. Allen)과 크리스틴 로스(Christine L. Ross)는 온세대 교회 가운데 나타나는 중요한 특징인 온세대성(intergenerationality)을 다음과 같이 묘사한다.

"성경을 통해 확인되는 사실은, 신앙공동체가 예배를 드리고, 음식을 나누며, 찬양을 올리고, 서로 격려하며, 말씀을 나누고 서로 섬기며, 심지어 어려운 시기를 지낼 때마다 모든 세대가 함께 모였다. 참된 기독교 공동체를 경험하기 위해서 모든 세대는 정기적으로 그리고 자주 모여야 한다. 영아기에서 80대에 이르는 모든 세대가 함께."[5]

이 온세대성에 대한 짧은 묘사는 다양한 세대가 모이는 교회의 공동체적 삶을 단순하지만 명확하게 보여준다. 온세대 교회는 하나님을 예배하고, 친교와 격려와 봉사를 함께 할 뿐만 아니라, 세대 전체가 함께 겪는 고통과 어려움을 함께 기도하며 극복해 나가는 신앙공동체이다. 온세대 교회 안에서 이루어지는 경험은 교회 공동체가 정체성과 소명을 세워가는 데 형성적인 기회를 제공한다.

물론 교회가 그동안 이러한 실천을 감당하지 않은 것은 아니지만, 숙고해 볼 사실은 이 예배와 돌봄과 나눔의 실천이 대부분 동질 집단을 중심으로 이루어졌다는 점이다. 비슷한 나이, 같은 성별, 같은 지역에 속한 사람들을 중심으로 돌봄과 교제가 이루어지며, 다른 연령과 세대, 다른 지역, 다른 형편에 놓인 사람들은 같은 공동체 안에 있으나 '남'처럼 여겨지곤 한다. 이와 같이 소속감의 단절과 유의미한 관계를 경험하지 못하는 이들은 교회 안에 있으나 외로움과 소외를 경험하게 된다. 특히 한국 교회 안의 세대 단절 문제와 더불어 이로부터 파생되는 돌봄과 배려의 약화, 다른 세대에 대한 오해와 시기 등은 개인적인 외로움을 넘어 세대 단위의 외로움으로도 나타나는 것을 어렵지 않게 볼 수 있다. 교회에서 청년 세대가 토로하는 소외감, 다음 세대를 강조할 때 느끼는 노년

온세대 교회란 성령 안에서
예수 그리스도의 한 몸 공동체의 정체성을 함께 공유하며
세대와 세대가 함께 어우러져
환대와 사랑, 상호 돌봄과 신앙적 지혜를 나눔으로써
하나님 나라를 위해 협업하는
하나님 나라 가족공동체를 의미한다.

또한 온세대 교회는
하나님 나라 가정공동체이다.

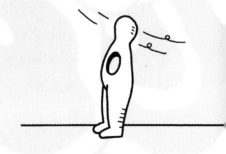

세대의 소외감과 단절 등이 그 예이다. 이러한 경험은 한 개인 혹은 한 세대의 고통과 외로움이 그 세대만의 것이 아닌, 교회 공동체 전체의 아픔이자 외로움임을 깨닫고 진정한 공동체로 거듭나고자 하는 온세대 교회를 세워갈 때 극복이 가능하다.

또한 온세대 교회는 하나님 나라 가족공동체이다. 여기서 하나님 나라 가족공동체란, 혈육으로 맺어진 통념적인 가족(family)을 넘어 성령 안에서 하나님 나라의 비전을 따라 재편된 하나님의 가족(the household of God)의 정체성을 고백하는 교회 공동체를 의미한다. 마가복음 3장에서 예수님은 자신을 만나러 온 가족들을 둔 채 자신의 주변에 있는 이들을 가리키시며 새로운 가족에 대해 이야기하신다.

"보아라, 내 어머니와 내 형제자매들이다. 누구든지 하나님의 뜻을 행하는 사람이 곧 내 형제요 자매요 어머니다."(막 3:31-35, 새번역)

이 이야기의 초점은 하나님의 뜻을 따르는 사람은 진정한 예수님의 가족이 된다는 복음에 있다. 그런데 마가복음에서 이 말씀을 묘사하는 것을 자세히 살펴보면, 예수님의 시선은 그동안 예수님의 혈육 가족 '바깥에' 있었던 사람들에게 향하는 것을 발견하게 된다. 당시 예수님의 명성과 영향력을 생각해 보면 무리에 둘러싸인 예수님의 가족은 동네에서 예수님께 버금가는 관심을 받았을 것이다. 하지만 예수님은 자신을 둘러앉은 자들을 보시며, 하나님의 뜻을 행하는 자라면 그들이 그동안 공동체의 주목을 받지 못한 자들이라 할지라도 하나님의 집에 거주하는 가족공동체라고 말씀하신다.

사도 바울도 고린도 교회를 향해 하나님의 집이라는 정체성을 재확인시킨다.

"너희는 하나님의 집이니라."(고전 3:9, 16)

여기서 집은 일차적으로는 건물을 의미하지만, 속뜻은 예수 그리스도를 주인으로 모시고 하나님께 속한 성령 공동체를 가리킨다.(고전 3:16, 23) 이는 교회 공동체의 정체성이 건축물에 있는 것이 아니라 그리스도를 중심으로 맺는 거룩한 관계에 있음을 보여준다.

미국의 조사단체인 퓨리서치(Pew Research)가 2021년에 전 세계 17개 경제 선진국 국민을 대상으로 삶에서 가장 가치 있다고 여기는 것이 무엇인지 묻는 조사를 수행했는데, 17개국 중 대한민국 국민만 유일하게 '물질적 행복'을 1위로 꼽았다고 한다. 반면, 17개국 중 14개국 국민이 가장 가치 있다고 여긴 것은 '가족'이었다고 한다. 한국 사회에서 청년 세대부터 노년 세대에 이르기까지 각 세대가 자신의 세대가 가장 외롭다고 느끼는 비중이 높음에도 불구하고, 삶에서 가치 있는 것이 의미 있는 관계로 엮인 가족이 아닌 물질적 행복이라고 응답한 조사 결과는 결코 다세대 교회 현상과도 무관하지 않으며 이는 간과할 수 없는 사실이다.

고린도전서 12장에서 사도 바울은 성령 안에서 다양한 은사를 중심으로 세워진 교회 공동체에 관해 이야기한다. 특별히 22절부터 27절까지는 예수 그리스도의 한 몸 공동체인 교회에 속한 다양한 지체가 분열 없이 서로를 돌보고 걱정해야 함을 이야기한다.

"그뿐만 아니라, 몸의 지체 가운데서 비교적 더 약하게 보이는 지체들이 오히려 더 요긴합니다. 그리고 우리가 덜 명예스러운 것으로 여기는 지체들에게 더욱 풍성한 명예를 덧입히고, 볼품없는 지체들을 더욱더 아름답게 꾸며 줍니다. 그러나 아름다운 지체들은 그럴 필요가 없습니다. 하나님께서는 몸을 골고루 짜 맞추셔서 모자라는 지체에게 더 풍성한 명예를 주셨습니다. 그래서 몸에 분열이 생기지 않게 하시고, 지체들

외로움과 소외를 느끼는 사람들은
공동체 안에서 고통을 받으며
주변을 적대적으로 바라보게 된다.
이를 해결하기 위해 특정한 프로그램이나 훈련도
어느 정도 도움이 될 수 있지만,
그보다 더 중요한 지점이 있다.

고린도전서는 다양한 은사와 역할을 수여하는
'근원'으로 돌아가도록 권면한다.
그것은 다양한 세대, 다양한 은사를 가진 이들이
한 성령 안에 머무는 것이다.

이 서로 같이 걱정하게 하셨습니다. 한 지체가 고통을 당하면, 모든 지체가 함께 고통을 당합니다. 한 지체가 영광을 받으면, 모든 지체가 함께 기뻐합니다. 여러분은 그리스도의 몸이요, 따로 따로는 지체들입니다."(고전 12:22-27, 새번역)

이 말씀 속에 나타나는 '더 약하게 보이는 지체들'은 문맥상 은사의 경중(輕重)에 따라 성도를 판단하여 소외된 이들을 일차적으로 의미한다. 이 지체들은 소외와 단절을 경험하며 때로는 고통을 당하기도 한다.(26절) 이 고통은 한 개인의 신체적 고통이기보다는, 공동체 안에서 소외와 차별로 인해 겪는 관계적 고통이자 영적인 아픔으로 보는 것이 옳을 것이다. 이를 확대해서 생각해보면, 지금까지 교회에서 많은 사람들의 주목을 받는 직분을 맡지 못하거나 핵심적인 역할을 감당하는 세대에 속하지 않은 어떤 이들은 더 약한 지체로 살아가며 외로움과 소외를 경험할 수 있음을 어렵지 않게 짐작해 볼 수 있다. 그들은 나이로 인해 더 이상 교회에서 젊은이와 같이 봉사의 직분을 감당하지 못함으로 인해 무력함과 외로움을 느끼는 노년 세대일 수도 있다. 혹은 돌봄과 교육의 대상에서 봉사의 주축으로 그 역할이 바뀌면서 존재보다 기능으로 인정받는 가운데 회의감과 소외를 경험하는 청년 세대일 수도 있다. 혹은 청년 세대를 마감하고 기성세대로 넘어가는 과정에서 삶의 불안정성과 기성세대에 대한 거부감으로 인해 장년부에 쉽게 편입되지 못하는 3040세대일 수도 있다.

이렇게 외로움과 소외를 느끼는 사람들은 공동체 안에서 여러 가지 혼란과 고통을 겪으며 주변을 적대적으로 바라보게 된다. 이를 해결하기 위해 특정한 프로그램이나 훈련도 어느 정도 도움이 될 수 있지만, 그보다 더 중요한 지점이 있음을 성경은 말하고 있다. 교회 공동체 속 외로움과 소외로 인한 고통을 치유하는 방법에 대해, 고린도전서는 다양한 은사와 역할을 수여하는 '근원'으로 돌아가도록 권면한다. '근원' 그것은 다양한 세대, 다양한 은사를 가진 이들이 한 성령 안에 머무는 것이다.

"이 모든 일은 한 분이신 같은 성령이 하시며, 그는 원하시는 대로 각 사람에게 은사를 나누어주십니다. 우리는 유대 사람이든지 그리스 사람이든지, 종이든지 자유인이든지, 모두 한 성령으로 세례를 받아서 한 몸이 되었고, 또 모두 한 성령을 마시게 되었습니다."(고전 12:11-13, 새번역)

다세대 교회가 한 성령 안에서 온세대 교회의 새로운 정체성을 확인하게 될 때 성령께서는 교회에 연결된 모든 지체가 생명으로 연결되게 하시며 그 가운데 외로움과 단절의 아픔을 해결해 가신다.

외로운 그리스도인을 품는 온세대 교회 세워가기

이 시대 신앙교육의 역할은 무엇일까? 그것은 교회를 교회답게 세우는 것이다. 교회다운 교회를 세우는 일이란, 교회에 속한 세대와 세대가 성령 안에서 함께 연결되어 그리스도의 한 몸 공동체를 이루며, 외로움의 그늘이 아닌 사랑과 돌봄과 섬김을 통해 믿음의 양지(陽地)에서 신앙이 성숙하도록 돕는 것을 뜻한다. 물론 교회는 외로운 그리스도인들을 위한 처방을 목적으로 존재하는 것은 아니다. 그러나 교회 공동체에 속한 세대간에 한 성령 안에서 사랑과 돌봄의 실천을 이어갈 때 그 신앙공동체에는 감사와 기쁨이 넘치게 된다.(행 2:46) 외로운 그리스도인들을 품는 온세대 교회는 어느 날 갑자기 세워지지 않는다. 온세대 교회는 인구학적, 사회문화적인 특성을 넘어서 성경으로부터 답을 찾음과 더불어, 변화하는 세상 속에서 세속의 가치가 아닌 하나님 나라 백성 공동체의 정체성을 의도적으로 지향하는 대안공동체이다. 그렇다면 어떻게 해야 교회에 속한 온세대가 하나님 나라의 가족공동체의 정체성을 발견할 수 있을까? 그리고 그 공동체 속 외로움의 섬에 고립된 그리스도인들이 온세대 교회로 나아가는 길을 어떻게 찾도록 도울 수 있을까? 이를 위한 몇 가지 실천적 과제

친밀한 온세대 교회 공동체가 되기 위해서는

먼저, 가족 밥상공동체의 회복이 요청된다.
초대교회가 성령으로 충만한 삶을 살아가면서 보여준
변화된 모습은 음식을 함께 나누는 것이었다.

온세대 교회는 다양한 세대의 목소리가
들리는 교회이다.

온세대 교회는 공동체적 소명을 회복하기 위해
힘쓰는 교회로 부름 받는다.

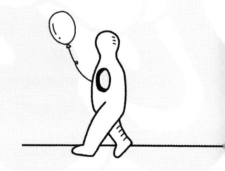

를 생각해보자.

첫째, 온세대 교회는 교회 됨을 새롭게 바라보는 교회가 되기 위해, 성령 안에서 하나님 나라 가족공동체로 살아가는 '기쁨'을 누리도록 돕는 양육을 실천해야 하겠다. 온세대 교회를 지향하는 교회는 다양한 세대가 성령 안에서 하나님 나라 가족공동체로 부르신 하나님을 뜻을 발견할 수 있도록 온세대 예배와 교육, 친교와 봉사를 통해 도우며, 이 비전을 친절하게, 지속해서 안내해야 한다. 그리하여 교회의 각 지체가 이러한 시선을 공유하게 될 때에, 외로움의 반대말은 '함께 있음' 뿐만 아니라 '기쁨'이라는 사실을 발견할 수 있을 것이다. 이러한 기쁨은 저절로 생겨나지 않는다. 성령 안에서 세대와 세대가 함께 누리는 기쁨의 관계로 초대될 때만 가능하다.

최근 들어 많은 교회가 온세대 예배 혹은 온세대 행사에 관심을 보이고 있다. 그런데 이러한 실천은 일회적인 예배나 행사가 목적이 아니라 하나님의 가족으로 새롭게 모인 온세대가 참된 믿음의 공동체에서만 발견할 수 있는 기쁨을 누리며 살아가도록 돕기 위함이라는 사실을 기억해야 한다. 이를 바꾸어 말하면, 교회가 한 성령 안에서 은혜로 하나님께 부름 받은 기쁨의 공동체라는 정체성을 회복할 때, 외로움으로 표현되는 분절된 교회의 모습으로부터 회복할 수 있다. 외로움과 소외는 은혜에 대한 감사와 사랑의 기쁨을 함께 누림으로써 치유가 가능하다.

둘째, 온세대 교회는 상호 돌봄과 사랑을 실천하며, 교회 안에 소외와 소통의 단절로 인해 그늘이 드리워진 곳을 밝히기 위해 서로 연합하는 일에 힘써야 한다. 이 과정을 통해 그리스도인 각자는 자신의 정체성이 일과 과업으로부터 오는 것이 아님을 발견할 수 있으며, 그리스도 안에서 서로 한 몸으로 연결된 소속감을 경험하게 된다. 교회 안에서 경험되는 외로움이 그리스도 안에서 의미 있는 관계와 소속감의 부재로부터 나오는 것이라면, 서로가 돌보며 환대를 실천하고 성령 안에서 믿음의 공동체로 세워지게 될 때 기쁨과 외로움을 잇는 튼튼한 다리가 놓이게 될 것이다. 고린도전서 12장을 다시 한번 상고해 본다면, 한 성령 안에서 그리스도의 한 몸을 이루는 교회는 더 연약한 지체가 없는지 유심히 살피고 이들을 돌보는 일에 힘써야 한다. 그렇다고 이것이 꼭 육체적으로 연약하거나 미숙한 사람 혹은 나이로 인해 소외와 고립감을 느끼는 사람만을 의미하는 것은 아니다. 그리스도 안에서 환대와 사랑의 부재를 경험하는 모든 사람은 연약한 존재이다. 목회자이든지 평신도 지도자이든지, 어린이이든지 혹은 청장년이든지 우리는 연약한 존재이기에 하나님 그리고 사랑하는 사람과의 깊은 관계를 갈망하며 산다. 그렇기에 우리 모두는 서로 환대와 사랑을 실천하는 하나님 나라 가족공동체로 살아가도록 요청받는다.

외로움과 단절로 인해 정체성과 소명을 상실한 채 살아가는 다세대 교회로부터 벗어나 친밀한 온세대 교회 공동체를 구체적으로 세워가기 위한 한 가지 실천 방안에 대해 생각해보고자 한다.

그것은 '가족 밥상공동체'의 회복이다. 초대교회가 성령으로 충만한 삶을 살아가면서 보여준 변화된 모습은 음식을 함께 나누는 것이었다.(행 2:46) 앞서 살펴본 것처럼, 고린도 교회가 사랑과 환대의 신앙공동체가 되어야함에도 불구하고 음식을 나누지 않는 모습은 분열과 소외, 그리고 외로움과 맞닿아 있었다. 함께 식탁을 공유하는 것은 단순히 음식을 먹는 행위를 넘어서 성령 안에서 새로운 가족공동체로서 삶의 방식을 공유하는 것이며, 나아가 영혼의 외로운 혼밥을 이어가는 지체를 향해 환대와 돌봄의 식탁으로 초대하는 것을 의미한다.

온세대 교회를 지향하는 국내외 여러 교회는 예배와 교육을 구상할 때 식탁공동체의 중요성을 강조하고 있다. 함께 먹고 나누는 일상의 행위는 혼밥으로 상징되는 외로운 인생을

결국,
온세대 교회는 교회가 선택해야 할
하나의 방법이 아닌
교회의 정체성과 본질의 회복을 꿈꾸는 교회이다.

핵개인 시대, 교회 안에도
소외와 외로움의 그늘 가운데 있는 그리스도인이
다시금 하나님 나라 가정공동체의 지체로서
온세대 교회 가운데 기쁨과 소명을
회복할 수 있기를 소망해 본다.

하나님 나라 가족공동체로 초대한다. 어려운 지체들에게 식사를 제공하는 봉사의 차원을 넘어, 다양한 세대가 함께 음식을 나누고 믿음의 이야기를 나누며 기쁨을 누리는 식탁의 자리를 공유하는 것은 그 어떤 온세대 사역보다 강력한 힘을 가지며 나아가 교회공동체 안에 드리운 외로움의 그늘을 조금씩 걷어가는 소중한 자리가 될 수 있다.

셋째는 온세대 교회는 다양한 세대의 목소리가 들리는 교회이다. 외로움은 자신의 목소리를 잃어버린 이들이 느끼는 감정이다. 이 목소리는 교회 공동체와 자신의 삶 속에서 경험하는 다양한 신앙적인 도전과 감격, 고백과 탄식을 드러낸다. 그리스도인이 교회 공동체에서 경험하는 외로움의 이중고는 소외와 단절감으로부터 올 뿐만 아니라, 자신이 외롭고 소외되고 있음조차 누군가에게 털어놓지도 못할 때 찾아오게 된다. 또한 신앙공동체 안에서 다양한 세대가 경험하는 하나님에 관한 이야기를 쌍방향의 대화를 통해 나누지 못하고, 단지 일방향적인 가르침과 수직적인 신앙지식의 전수만으로 그 자리를 채우게 된다면 그 공동체는 살아 있는 신앙인의 목소리를 점점 상실하게 된다. 이를 신앙교육의 측면에서 이야기한다면, 다양한 세대가 함께 신앙 안에서 성숙하는 온세대 교회가 되기 위해서는 세대 간 신앙전수만이 아닌 세대 간 신앙공

유의 사건이 함께 일어나야 한다.[6]

신앙전수에 대해 이야기하는 대표적인 성경 본문인 신명기 6장을 자세히 살펴보면, 이 말씀은 부모 세대가 자녀 세대에게 하나님을 단지 수직적인 형태로 전수하라는 의미만을 지니고 있지 않다. 오히려 이 말씀은 자녀 세대에게 신앙을 전수하는 부모 세대가 먼저 자신을 구원하신 하나님에 대한 신앙과 은총에 대한 자기 고백을 삶을 통해 증거하라고 가르친다.(신 6:10-13) 이러한 부모 세대의 자기 고백을 직접 듣고 보고 경험하는 자녀 세대는 비로소 부모에게 하나님이 하신 일에 대해 질문하게 되며, 자신의 삶 속에서도 살아계셔서 역사하시는 하나님에 대한 공적인 고백을 하게 될 것이다. 이는 결코 수직적인 신앙 전수가 아니라 수평적인 신앙 공유의 사건이 된다. 신앙공유는 교회 공동체에 소속된 지체들이 자신의 삶의 한복판에서 경험하는 하나님 이야기와 나의 이야기를 함께 엮어가는 가운데 신앙의 의미를 발견하는 것이다. 그리하여 우리의 하나님이 얼마나 풍성한 은혜를 베푸시고, 우리의 아픔과 고통에 얼마나 관심을 가지시고 돌보시며, 우리를 하나님 나라 비전공동체를 세워가시는 하나님의 계획을 발견하게 된다.

교회 공동체에서 여러 가지 이유로 인해 외로움을 경험하

하나님이 계시는데 난 왜 외로울까

고 있는 이들도 그들의 자리에서 하나님을 찾는다. 오늘날의 교회를 살펴보도록 하자. 초저출생, 고령화, 깨어진 가정, 이러한 사회문화적 현상은 결코 그리스도인과 동떨어져 있지 않다. 상대방과 교류 없이 홀로 지내다가 문득 자신의 목소리를 내본 적이 언제였는지 기억조차 나지 않는 1인 가구 세대, 학업으로 인해 고통과 외로움 가운데 하나님을 부르짖는 청소년 세대의 탄식, 깨어진 가정의 문제 혹은 경제적인 위기로 인한 우울과 외로움의 문제를 함께 나눌 수 있는 영적 가족을 갈망하는 장년 세대 등 이 외로운 그리스도인들의 목소리가 안전하게 들려지고 소통하는 기쁨과 소망은 온세대 교회에서 찾을 수 있을 것이다.

넷째는 온세대 교회는 공동체적 소명을 회복하기 위해 힘쓰는 교회로 살아가도록 부름 받는다. 실천신학자 제임스 파울러(James Fowler)가 말한 바와 같이 소명을 상실한 그리스도인은 절망과 외로움에 사로잡히게 된다.[7] 그러나 하나님 나라 가족공동체로서 나이와 세대를 넘어 함께 연대하고 협업하는 그리스도인들은 서로의 부족함을 채워주는 동시에 외로움의 자리가 소명의 자리로 바뀌는 것을 경험하게 된다. 소명을 회복하는 것은 곧 자신들을 위해 하나님께서 예비하신 길을 찾는 것을 의미한다. 예수님께서 모든 마을과 도시를 두루

다니시면서 보셨던 백성들은 길을 잃고 외로움과 절망에 지쳐 있었다.(마 9:35) 그들을 향해 회당에서 가르치시고, 천국 복음을 전파하시며, 약하고 외롭고 병든 것을 치유하신 예수님은 변방에 있던 제자들로 하여금 하나님 나라의 추수꾼이 되어 소생과 구원의 복음을 선포하는 소명을 발견하도록 이끄셨다. 예수님의 시선에서 보면, 외롭고 지쳐 있고 삶의 목적과 의미를 발견하지 못하는 삶의 자리는 새롭게 씨앗을 '뿌릴' 곳이 아닌 '추수'의 자리이다. 왜냐하면 외롭고 고통스러운 그곳은 하나님 나라의 소명을 가슴에 품은 일꾼들을 통해 하나님의 은혜의 사건이 충만하게 드러나는 자리가 될 것이기 때문이다.(마 9:38)

온세대 교회는 다양한 세대가 함께 모여 이러한 소명을 품고 낮고 외로운 자리에 있는 이들과 더불어 하나님 나라를 함께 일구어 가는 소명공동체가 될 것으로 요청받는다. 결국, 온세대 교회는 교회가 선택해야 할 하나의 방법이 아닌 교회의 정체성과 본질의 회복을 꿈꾸는 소명이다. 핵개인 시대, 교회 안에도 소외와 외로움의 사막 가운데 있는 그리스도인이 다시금 하나님 나라 가족공동체의 지체로서 온세대 교회 가운데 기쁨과 소명을 회복할 수 있기를 소망해 본다.

나눔 질문

❶ 여러분이 속한 교회에서 외로움을 겪고 있는 사람이 누구인지 떠올려보고, 나 자신을 포함한 성도가 교회 안에서 외로움을 경험하고 있다면 그 원인이 무엇인지 생각해 봅시다.

❷ 여러분이 속한 교회가 다세대 교회를 온세대 교회로 전환하고자 할 때 이를 어렵게 만드는 요소 3가지 (물리적 요소, 관계적 요소, 목회적 요소)를 떠올려 보고, 그 이유와 그 문제를 해결할 수 있는 대안이 각각 무엇인지 생각해 봅시다. (물리적 요소의 예: 교회 건물 구조, 관계적 요소의 예: 세대 간 수직적 문화 혹은 소통 부재, 목회적 요소의 예: 예배 시간 분리, 세대 간 식사 혹은 봉사 부재 등)

❸ 하나님 나라를 위해 환대와 협업을 실천하며 함께 성숙하는 온세대 교회 공동체를 세우기 위하여, 정기적으로 교회의 실천 영역 중 하나씩 선택하고 이를 온세대가 참여하는 실천으로 바꾸어 나가기 위한 아이디어를 나누는 기회를 갖도록 합시다. (예: 다양한 세대가 참여하는 지역봉사 실천을 위해 교회 게시판, 홈페이지 등을 통해 의견 청취 및 구체적인 실천 방안 공유)

논찬

핵개인 시대

외로운 크리스쳔

김주용 목사

2024년 4월 25일자 한 일간지에서는 외로움과 고립이 술과 담배보다 더 해롭다고 보도하면서, 흡연 및 과음, 비만, 운동 부족 등과 같은 불건전한 생활 습관보다 고독과 고립 상태가 사망 위험을 최대 1.9배나 높일 정도로 치명적이라고 전했다. 한국교회는 술과 담배를 금기시하는데 그것은 구원과는 상관없는 건강과 문화의 문제 때문에 절제를 요청하는 것이었다. 이제 교회는 술과 담배보다 고독과 외로움의 문제를 더욱 심각하게 접근할 필요가 있게 되었다.

국가적 차원에서 영국은 이미 2018년 '외로움부'(Minister for Loneliness)를 세웠고, 일본도 '고독·고립 대책 담당실'을 만들고 '고독 담당 장관'을 임명하기도 했다. 정호승 시인은 '수선화에게'라는 시에서 "가끔은 하느님도 외로워서 눈물을 흘리신다"라는 표현을 하였다. 이 시대에 고독과 외로움은 사회 전반과 온 인류의 삶 전체에 휩싸여 있는 긴급한 문제가 되었다고 말할 수 있다.

따라서, 신학도 고독과 외로움에 대한 냉철한 분석과 성찰을 제시하고, 그 결과를 교회 현장에서 함께 풀어내며 새로운 시대에 교회의 변화된 방향성과 목회적 대안을 제시할 필요가 있다. 이에 대해, 미래목회와말씀연구원에서 개최한 '인카운터 포럼'의 '핵개인 시대의 외로운 크리스천'에 대한 세 분의 발제는 매우 중요한 부분을 지적하고, 신학과 교회 사이에서 모두 통용될 수 있는 대안을 제시하고 있다. 더불어 좀 더 발전적 논의가 필요한 한두 가지를 제안하며 신학과 교회의 다리를 놓아보고자 한다.

먼저, 최원준 목사님의 '아담의 독처, 예수님의 거처'는 신학과 교회 현장의 연결성이 탁월한 글이었다. 핵개인의 문제점을 세 가지 문제로 지적하며, 일상의 실례를 통해 일반 성도들도 쉽게 접근할 수 있는 분석이었다. '아담의 독처: 돕는 배필과의 연합'의 성경적 적용 부분에서 혼자 사는 '독처'의 삶이 고독과 외로움으로 이어지게 하는 '마음의 문제'와 '외면하는 사회'에 대한 해석은 현실의 삶에서 충분히 공감되는 접근이었다. 그에 대해 광야와 다락방, 성령 안에서 홀로서기로 고독과 외로움에 대한 대안을 갖는 것은 설교적 권면으로 수용될 수 있을 만큼 파토스가 느껴지기도 한다. 단지, 고독의 영성을 위한 예수와 바울의 홀로서기는 좋으나, 교회 공동체 안에서의 회복을 위한 소외된 외로움의 대안은 없는지 질문을 던지고 싶다. 또한, 신학적 접근을 통해 '외로움'과 '고독'의 구별을 설명하였지만, 보이지 않는 경제적 계급이 존재하는 자본주의 세계 안에서 여전히 쪽방촌과 고시원에 사는 이들의 고독은 외로움과 다를 바 없는 동일한 감정에 불과하지 않을까 하는 생각해 본다.

다음으로, 송용원 교수님의 '두 개의 산: 번영에서 번성으로'는 대립과 통합의 신학적 메타포를 통해 외로움과 고립에 대한 탁월한 분석과 해석을 보여준다. 그 가운데 '혼밥의 정상에서 성찬의 정상으로'의 접근은 이 시대가 겪는 극렬한 외로움과 고립에 대한 신학과 목회의 통전적 관점을 주고 있다. 예수는 혼자 기도를 하러 산과 광야로 나아갔지만, 식사만큼은 '혼밥'을 하지 않았다. 도리어 예수는 성찬을 통해 함께 나눠 먹고 마셨으며, 마침내 자신의 몸과 피를 내어놓아 외롭지 않는 영성의 식탁을 제공하였다. 또한 이자크 디네센의 단편 '바베트의 만찬'에서 외로운 사람들이 모여 '교제의 빵'을 함께 나누는 일상 속 영성에 대한 내러티브는 가난함도, 부요함도, 괴로움도, 즐거움도, 주님과 함께 나누는 환대와 번성의 신앙을 보여준다. 따라서, 본회퍼의 말대로, "서로가 없다면 그리스도를 만날 길도 요원하다"는 한 줄의 선언은 신학이 신앙이 되어 우리의 평범한 삶 속에서의 외로움 너머를 소망하게 만든다. 한국기독교사회문제연구원이 조사한 통계를 보면, 교회의 크기가 클수록 교인 간 사귐과 돌봄으로부터 소외감을 느끼는 경향이 커졌다. 곧 교인이 많이 모일수록 역비례로 소외와 외로움이 증가한다는 것은 교회가 공동체라는 본질에서 거꾸로 가고 있다는 반증이라고 할 수 있다. 이에 대해 함께하는 기쁨 속에 번성의 신앙을 회복하여 교회의 크기에 상관

없이 소외와 외로움이 없는 공동체를 만들 목회적 방법은 없는지를 생각해 본다.

마지막으로, 신현호 교수님의 '외로운 그리스도인, 온세대 교회에서 길을 찾다'는 교회의 공동체성 속에서 어떻게 소외와 외로움을 극복해야 하는지에 대한 대안을 제시하는데 중요한 방향 설정을 하고 있다. 특별히 "외로움과 소외는 하나님이 원하시는 진정한 교회다움을 회복하는 것에서 출발"한다는 전제에서 풀어내는 구체적인 교회의 해결점은 현장의 교회가 귀담아들어야 할 내용들이다. 또한, 다세대 교회(multigeneration)가 아니라 온세대 교회를 제안한 것은 단순히 세대를 끌어 모으는 교회에서, 소외와 외로움까지도 같이 다루고자 하는 목양적 전략이 될 수 있다. 그러나, 필자가 교회 현장에서 경험했던 온세대 예배의 경우, 1인 가족과 불임가족, 딩크족(Dink, Double Income No Kids) 등에게는 도리어 더욱 소속감을 주지 못하는 '또 다른 소외와 차별'의 감정을 느끼게 한다는 문제를 발견하게 되었다. 그리고, 교회 안에 식탁 공동체의 중요성을 강조하는 것은 좋으나, 그 식탁을 준비하는 자들의 소외와 고립감은 어떻게 해결하면서 외로움을 달래며 온세대 교회로 나아갈 수 있을지가 궁금하다.

고립과 외로움은 지독한 영적인 병으로 찾아오고 있다. 다

하나님이 계시는데 난 왜 외로울까

른 대안이 있을까? 노리나 허츠의 '고립의 시대' 마지막 구절을 대신하여, 원초적이지만 가장 기본적인 것에서 그 대안을 생각해 보길 바란다. "외로운 세기의 해독제는 궁극적으로 우리가 서로를 위해 있어 주는 것일 수밖에 없다. 상대가 누구라도 상관없이 말이다. 흩어져가는 세계에서 우리가 하나가 되고자 한다면 이것이 최소한의 요구다."

미주

아담의 독처와 예수님의 거처: 외로움과 홀로됨의 성경적, 목회적 고찰

1) 유선애, "핵개인의 탄생, 송길영 인터뷰", Marie Claire 2023. 12. 28 인터넷판.
2) 송혜진, 이하 설문조사 내용은 조선일보 인터넷판, "집에서 혼자 있을때 즐거움 느껴" 이케아 38국 조사 중 1등은? 이케아 '집에서의 생활' 38국 조사, 송혜진 기자, 입력 2024.01.16. 03:26 업데이트 2024.01.16. 09:53.
3) 박용필. "1인 세대 1000만 돌파⋯5세대 중 2세대 '나 혼자 산다'" 경향신문. 인터넷판. 입력2024.04.09. 오전 8:48.
4) 역사비평학자들은 1장을 Eloist 문서로, 2장은 Yahwist 문서로 구분한다. 필자는 1장과 2장을 하나의 통합적 서사(narrative)로 이해한다.
5) 김찬호, 『대면 비대면 외면』 (문학과지성사, 2022), 142에서 재인용.
6) 맥스 루케이도, 『내 안에 계신 예수님』 (두란노, 2003), 107-108.

두 개의 산: 번영에서 번성으로

1) 이 글은 필자의 『성경과 공동선』, 『하나님의 공동선』 (이상 성서유니온) 등 주요 저서의 내용을 바탕으로 본 포럼의 주제에 맞추어 수정, 보완하여 집필했음을 밝혀 둔다.
2) 팬데믹 기간에 리메이크되어 많은 관심을 받았던 아래의 노래 가사는 한국인들의 외로움을 비교적 잘 그려내고 있다. 『외로운 사람들』 (이정선 작사, 1984): "어쩌면 우리는 외로운 사람들 만나면 행복하여도 헤어지면 다시 혼자 남은 시간이 못 견디게 가슴 저리네. 비라도 내리는 쓸쓸한 밤에는 남몰래 울기도 하고 누구라도 행여 찾아오지 않을까? 마음 설레어 보네. 거리를 거닐고 사람을 만나고 수많은 얘기들을 나누다가 집에 돌아와 혼자 있으면 밀려오는 외로운 파도. 우리는 서로가 외로운 사람들 어쩌다 어렵게 만나면 헤어지기 싫어 혼자 있기 싫어서 우린 사랑을 하네." https://www.youtube.com/watch?v=3AhqS8lWZFs
3) https://www.newsweek.com/what-surgeon-general-missed-about-americas-loneliness-epide mic-opinion-1800045
4) 세바시 강연 1816회 (2024년 4월 15일) https://www.youtube.com/watch?v=xf1vnFLM6ZI
5) 가족, 일, 물질적 안정, 친구, 건강은 모두 삶의 중요한 의미를 제공하지만, 각 항목의 중요성은 조사 대상에 따라 다르게 나타난다. 삶의 의미를 주는 17가지 주제 중 이 항목들이 어떤 순위로 평가되었는지 분석한 결과다.

	1st choice	2nd	3rd	4th	5th
Australia	Family	Occupation	Friends	Material well-being	Society
New Zealand	Family	Occupation	Friends	Material well-being	Society
Sweden	Family	Occupation	Friends	Material well-being / Health	
France	Family	Occupation	Health	Material well-being	Friends
Greece	Family	Occupation	Health	Friends	Hobbies
Germany	Family	Occupation / Health		Material well-being / General Positive	
Canada	Family	Occupation	Material well-being	Friends	Society
Singapore	Family	Occupation	Society	Material well-being	Friends
Italy	Family / Occupation		Material well-being	Health	Friends
Natherlands	Family	Material well-being	Health	Friends	Occupation
Belgium	Family	Material well-being	Occupation	Health	Friends
Japan	Family	Material well-being	Occupation / Health		Hobbies
UK	Family	Friends	Hobbies	Occupation	Health
U.S.	Family	Friends	Material well-being	Occupation	Falth
Spain	Health	Material well-being	Occupation	Family	Society
South Korea	Material well-being	Health	Family	General Positive	Society / Freedom
Taiwan	Society	Material well-being	Family	Freedom	Hobbies

6)   송용원, 『하나님의 공동선』 (성서유니온, 2020), 103-105.

7)   목회데이터연구소, 『한국교회 트렌드 2024』 (규장, 2024), 64.

8)   앞의 책, 74-76.

9)   앞의 책, 76-79.

10)   폴 틸리히, 『영원한 지금』 (뉴라이프, 2008), 13-23.

11)   데이비드 브룩스, 『두 번째 산』 (부키, 2020), 14.

12)   앞의 책, 15.

13)   앞의 책, 136-140.

14)   플라비우스 요세푸스, 『유대고대사』 3권 5장, 184.

15)   프레드릭 비크너, 『어둠 속의 비밀』 (포이에마, 2016), 141.

16)   브룩스, 『두 번째 산』, 16, 126-127.

17)   앞의 책, 22.

18)   미로슬라브 볼프, 『인간의 번영』 (IVP, 2017), 17.

19)   브룩스, 『두 번째 산』, 117.

20)   폴 투르니에, 『인간이란 무엇인가』 (포이에마, 2014), 20-21.

21)   송용원, 『하나님의 공동선』, 11.

22)   https://www.youtube.com/watch?v=-PHW1F9-sbw

23)   에마뉘엘 레비나스, 『전체성과 무한』 (그린비, 2018), 298; 강영안, 『타인의 얼굴-레비나스의 철학』 (문학과 지성사, 2005), 147-148.

24)   앞의 책, 295; 앞의 책, 149, 152.

25)   C. S. 루이스, 『우리가 얼굴을 찾을 때까지』 (홍성사, 2007), 343

26)   마르틴 부버, 『나와 너』 (문예출판사, 2019), 2-13.

27) 다니엘 밀리오리, 『이해를 추구하는 신앙』 (새물결플러스, 2014), 194-195.

28) 브룩스, 『인간의 품격』, 5-6.

29) 앞의 책, 6-8, 34, 41.

30) 존 캐버너, 『소비사회를 사는 그리스도인』 (IVP, 2017), 105-159.

31) 로완 윌리엄스, 『인간이 된다는 것: 몸, 마음, 인격』 (복 있는 사람, 2019), 55- 58.

32) 김선희, "인격의 개념과 동일성의 기준," 『철학 연구』 제41호 (1997), 176.

33) 윌리엄스, 『인간이 된다는 것』, 61.

34) 토마스 토랜스, 『Trinitarian Perspectives: Toward Doctrinal Agreement』, 16; 김학
봉, "사회적삼위일체론에 대한 신학적 비판과 보완: 토마스 토랜스의 그리스도 중
심적 삼위일체 이해를 중심으로, 『한국 조직 신학 논총』 제62호 (2021), 13 참조.

35) 인격 이상의 존재, 즉 초인격적 존재인 삼위일체 하나님의 복잡한 차원은 그
보다 단순한 인간 인격의 차원을 버리지 않고 포용한다. 정사각형과 같은 "인
간적인 차원에서 한 인격은 한 존재이며, 두 인격은 별개의 두 존재"나, 정육
면체와 같은 신적인 차원에서는 "세 인격인 동시에 하나인 존재를 보게 된다"
라는 것이다. 그래서 루이스는 인간의 인격은 인격 이상의 하나님을 아는 희
미한 단서와 같다고 판정한다. 이는 올바른 분석이다. 그러나 '인격 이상'이라
는 그의 말이 인간의 부족한 인격 이상의 온전한 인격이라는 의미임을 놓치
면 곤란할 것이다. C.S.루이스, 『순전한 기독교』 (홍성사, 2001), 252.

36) 토마스 토랜스, 『The Christian Doctrine of God』, 131-133; 이에 관해 자세한 내
용은 김학봉, "사회적 삼위일체론(social trinitarianism)에 대한 신학적 비
판과 보완," 13-14를 참고하라.

37) 정현종, 『비스듬히』 (문학판, 2020), 123.

38) 앞의 책, 123.

39) 토마스 토랜스, 『Atonement: The Person and Work of Christ』, xxxix; 『The
Mediation of Christ』, 67-72; The Christian Frame of Mind, 39; 김학봉, "사회적
삼위일체론에 대한 신학적 비판과 보완" 24 참조.

40) 프랑스어 "bivouac"에서 나온 말. 야외에서, 특히 산 정상에 도달하기 직전
에 텐트를 설치하지 않고 밤을 지새우는 것을 뜻함.

41) 밀리오리, 『이해를 추구하는 신앙』, 269.

42) 틸리히, 『영원한 지금』, 22-23.

43) http://topclass.chosun.com/news/articleView.html?idxno=3863

44) 김명자, "웰빙, 소셜 피트니스에 의한 '사회적 관계'가 열쇠," 중앙일보 2023.05.19.

45) 폴 틸리히, 『영원한 지금』, 13, 17-18.

46) 폴 틸리히, 『조직신학 2 – 실존과 그리스도』 (새물결플러스, 2022), 125.

47) 폴 틸리히, 『영원한 지금』, 13-25.

48) 앞의 책, 23-24, 28-30.

49) 노리나 허츠, 『고립의 시대』 (웅진지식하우스, 2021), 115-118.

50) 이어령, 『빵만으로는 살 수 없다』 (열림원, 2011), 35.

51) 앞의 책, 45-46.

52) 월터 브루그만, 『복음의 공공선』 (두란노, 2021), 52.

53) 장 칼뱅, 『기독교강요』(1559) (생명의말씀사, 2020), 4.17.38.

54) 이자크 디네센, 『바베트의 만찬』 (문학동네, 2012), 7-77.

55) 앞의 책, 66.

56) 본회퍼 목사는 교회란 너와 내가 직접적으로 만나는 사건이 아니라, 그리스도 안에 있는 내가 그리스도 안에 있는 너를 그리스도 안에서 만나는 사건이라고 말한다. 너와 나 사이에서 직접적인 정신적 사랑을 꽃피우는 곳이 아니라, 그리스도 안에서 그리고 그리스도를 통해서 영적 사랑이 맺히는 곳이라는 의미이다. 디트리히 본회퍼, 『신도들의 공동생활』, (대한기독교서회, 2010). 27-42.

57) 그리스도인들은 '홀로 있는 날'과 '함께 있는 날' 사이에서 '주의 날'을 맞이할 소망을 가지고 사는 새 언약의 공동체이다. 그래서 신학자 밀리오리는 오늘날처럼 포스트모더니즘과 다원주의의 시대, 고삐 풀린 소비주의의 강력한 원심력이 진리, 개인, 공동체를 파편화하는 시대의 적절한 교회 모델은 '교제의 교회'(ecclesiology of communion)라고 말한다. 『이해를 추구하는 신앙』, 458-459.

58) 앞의 책, 447.

외로운 그리스도인 : 온 세대 교회에서 길을 찾다

1) 목회데이터연구소 조사(2023년 5월)에 의하면, 개신교인 2,000명의 응답자 중 46.2%가 외로움을 느낀다고 답변했으며, 경제적 어려움을 겪는 사람이 외롭다고 답한 비율(52.8%)이 경제적인 어려움을 느끼지 못하는 사람이 외롭다고 답한 비율(29.6%)에 비해 상당히 높다는 것을 보여주었다. 2023년 1월 한국기독교목회자협의회가 실시한 '한국인의 종교 생활과 신앙의식' 조사에서도 개신교인의 가장 큰 고민이 '경제적 어려움'이라고 답한 비율(31.9%)이 가장 높았다.

2) 이현정, 『외로움의 모양』 (서울: 가능성, 2024), 7-8.

3) 이현정, 『외로움의 모양』, 16-17.

4) 목회데이터연구소, '한국 교회 트렌드 2024 조사(개신교인 조사)', 2023.6.10. (전국 만 19세 이상 개신교인 2,000명, 온라인 조사, 지앤컴리서치, 2023.5.12. ~5.31.)

5) Holly Catterton Allen and Christine Lawton Ross, 『*Intergenerational Christian Formation: Bringing the Whole Church Together in Ministry, Community and Worship*』 (Downers Grove, IL: IVP Academics, 2012), 84.

6) 신현호, "온 세대가 함께하는 관계적 교육 목회로의 초대" 「교육교회」 통권 512호 (2021년 2월호), 46-52.

7) 제임스 파울러, 『신앙의 변화』 (서울: 한국장로교출판사, 2016), 255-259.

핵개인 시대의 외로운 기독교인

하나님이 계시는데 난 왜 외로울까

초판 발행 2024년 10월 16일
초판 인쇄 2024년 10월 18일

지은이 | 최원준, 송용원, 신현호
발행 | 도서출판 Between

책임편집 | 이상조
디자인 | 박희현(디자인생기)
일러스트 | Bo Yoon (윤보영)

주소 | 서울시 성동구 광나루로 130, 3층 301호
전화·팩스 | 02-6310-6121 ·02-6310-6122
출판등록 | 제2020-000098호

ISBN 979-11-989446-0-3